教育部人文社会科学研究规划基金项目（项目编号

新一代信息技术与制造业深度融合演化机理及动态路径研究

胡斌 著

吉林大学出版社
·长春·

图书在版编目（CIP）数据

新一代信息技术与制造业深度融合演化机理及动态路径研究 / 胡斌著. -- 长春 : 吉林大学出版社, 2022.11

ISBN 978-7-5768-1117-9

Ⅰ. ①新… Ⅱ. ①胡… Ⅲ. ①信息技术 - 应用 - 制造工业 - 工业发展 - 研究 - 中国 Ⅳ. ①F426.4-39

中国版本图书馆CIP数据核字(2022)第226678号

书　　名：新一代信息技术与制造业深度融合演化机理及动态路径研究
XINYIDAI XINXI JISHU YU ZHIZAOYE SHENDU RONGHE YANHUA JILI JI DONGTAI LUJING YANJIU

作　　者：胡　斌
策划编辑：高珊珊
责任编辑：单海霞
责任校对：刘守秀
装帧设计：刘　宇
出版发行：吉林大学出版社
社　　址：长春市人民大街4059号
邮政编码：130021
发行电话：0431-89580028/29/21
网　　址：http://www.jlup.com.cn
电子邮箱：jldxcbs@sina.com
印　　刷：河北华商印刷有限公司
开　　本：787mm × 1092mm　　1/16
印　　张：11
字　　数：200千字
版　　次：2023年2月　第1版
印　　次：2023年2月　第1次
书　　号：ISBN 978-7-5768-1117-9
定　　价：78.00元

前 言

近年来，信息技术与工业领域都发生了重大变革，其中智能制造作为信息化和工业化深度融合的产物，得到了各国政府的广泛关注和普遍重视，推进新一代信息技术与制造业融合发展已成为世界各国尤其是发达国家构建新形势下制造业竞争优势的关键举措，也成为学术界研究的热点。《中国制造2025》战略规划明确提出了以加快新一代信息技术与制造业融合为主线、以推进智能制造为主攻方向的我国制造业发展战略思路。党的十九大报告再次强调加快发展先进制造业，推进互联网、大数据、人工智能和实体经济深度融合。

本书聚焦“新一代信息技术与制造业深度融合”这一研究对象，从多学科交叉融合视角，系统研究新一代信息技术与制造业融合的内在机理、演化规律及阶段特征，以期从理论上和实践上为加快推进我国制造业全面智能升级提供决策参考。主要研究内容包括：

第一，新一代信息技术与制造业的深度融合的内涵和机理研究。按照“内涵解析—机理分析—系统构建”的思路，对新一代信息技术与制造业的深度融合机理进行系统分析：首先，从技术进化、组织系统和价值实现视角解析新一代信息技术与制造业深度融合的学理内涵；进而，重点分析“技术进化-组织系统”“技术进化-价值实现”“组织系统-价值实现”和“技术进化-组织系统-价值实现”视角下新一代信息技术与制造业深度融合的机理；从而，构建出新一代信息技术与制造业深度融合的生态系统。

第二，新一代信息技术与制造业深度融合的动态演化规律研究。基于技术创新生命周期理论、新制度经济学和演化经济学等相关理论，结合多主体系统理论方法，并基于新一代信息技术与制造业深度融合的动态过程，系统分析主要技术发展阶段、组织系统、价值创造的演进规律，研判不同阶段融合特征，总结归纳和提炼不同阶段的融合发展基本模式，并为后续提出更具长效机制的战略思路、动态路径及对策建议提供理论依据。

第三，新一代信息技术与制造业融合演化的仿真研究。目前，我国已成为世界上最大的汽车市场，并正在从主要的汽车制造国转变为比较强大的汽车制造国，实现高质量发展成为我国汽车工业未来发展的一个重要任务，而智能制造属于实现我国汽车工业高质量以及高速度发展的主要途径。基于此，本书选择以汽车制造业为例，采用系统动力学方法，实证分析技术进化、组织系统、价值实现三维视角下新一代信息技术与汽车制造业的融合演化过程及效果。

第四，新一代信息技术与制造业深度融合的测度与现状研究。基于新一代信息技术与制造业深度融合的“T-O-V”机理和演化规律，构建新一代信息技术与制造业深度融合的评价架构和影响因素；进而，构建省级区域层面的融合水平测度模型，并以汽车制造业为例对细分行业的融合现状进行评价；最后，基于全面评估，探究我国新一代信息技术与制造业深度融合的状况、问题与瓶颈。

第五，推进我国新一代信息技术与制造业深度融合发展的战略思路与动态路径研究。研究提出，面对全球制造业发生的深刻变革，我国作为制造业大国，要重塑竞争新优势，应以制造业全面智能升级和高质量发展为目标，以推进产业数字化和数字产业化为主攻方向，牢牢把握“以融合带创新、以创新促转型、以转型助发展”的系统观念，统筹推进多主体、多环节、多领域，聚焦制造业全流程、全产业链的数字化、网络化、智能化转型，对传统的生产、经营、管理及服务方式进行全方位变革，实现新一代信息技术与制造业深度融合。

第六，推进新一代信息技术与制造业深度融合发展的对策研究。分别从技术、组织、价值三个层面，尝试提出相应的具体举措或政策建议。

本书基于上述研究，以期为更加精准有效地提出推进我国新一代信息技术与制造业深度融合发展的模式和路径，改变以往单纯借鉴西方发达国家单一发展模式、路径的局限性，提供理论依据和决策参考。

本书是教育部人文社会科学研究一般项目（规划基金）“新一代信息技

术与制造业深度融合演化机理及动态路径研究”（项目批准号19YJA790028，项目负责人胡斌）的研究成果。在研究过程中，上海工程技术大学管理学院的杨坤、刘峥、李永林、何琦、江瑶、高凯等老师，以及吕建林、王焕欣、毛友芳、张文抒等同学，对文献资料收集、数据获取处理和案例整理分析等，倾注了大量心血；同时，上海工程技术大学管理学院的领导及有关老师也给予了热情支持；在此，向他们一并表达诚挚的谢意！

本书虽已按既定目标取得一定的探索性成果，但还有许多理论和实践问题需要深入研究。笔者将以此为起点，不断探索和推进相关研究的进一步拓展及深化。本书在撰写过程中引用和参考了大量国内外文献资料，在此向相关专家与作者致以诚挚的感谢。受作者水平和时间所限，书中疏漏和不当之处在所难免，敬请各位专家及读者批评指正。

胡　斌

2022年7月于上海

目　录

第1章　绪　论

1.1　研究问题的提出及意义

1.1.1　问题的提出

推进新一代信息技术与制造业融合发展已成为世界各国，尤其是发达国家构建新形势下制造业竞争优势的关键举措。《中国制造2025》战略规划明确提出了以加快新一代信息技术与制造业融合为主线，以推进智能制造为主攻方向的我国制造业发展战略思路。党的十九大报告再次强调加快发展先进制造业，推进互联网、大数据、人工智能和实体经济深度融合。

目前，我国制造业数字化、网络化、智能化的整体发展水平与发达国家仍有较大差距，在推进新一代信息技术与制造业融合发展的进程中，需要持续综合多元视角、动态规划技术路线、不断优化战术对策。然而当下，无论是学术界还是产业界，对其中一些关键问题仍存在许多困惑，需要以更多元、更动态和更辩证的视角进行解读和探索：（1）多元视角下，新一代信息技术与制造业深度融合的内在机理及其发展过程中的互动演化规律如何？（2）动态视角下，我国在推进新一代信息技术与制造业深度融合发展的不同阶段，（将）遇到的关键问题与瓶颈分别是什么？（3）辩证视角下，发达国家的融合发展模式和路径是否适合现阶段我国发展极其不平衡、不充分的制造业？如何探索适合中国国情的融合发展模式与动态推进路径？现阶段研究这些问题十分必要与迫切。

基于此，本书聚焦“新一代信息技术与制造业深度融合”这一研究对象，从多学科交叉融合视角，系统研究新一代信息技术与制造业融合的内在机理、演化规律及阶段特征，以期从理论和实践上为加快推进我国制造业全面智能升级提供决策参考。拟实现的主要研究目标有：①系统、深入地探析新一代信息技术与制造业深度的机理和动态演化规律；②科学、客观地评估我国新一代信息技术与制造业融合发展的现状、阶段、优势、问题和瓶颈；③提出考虑中国情境下推进我国新一代信息技术与制造业深度融合发展的战略思路、动态路径和实施对策建议。

1.1.2 研究意义

面向上述研究目标，本研究的重点和难点主要体现在以下几个方面：①从技术学科、经济学科、管理学科交叉融合视角，从价值链、技术、组织等三个维度对其融合动力、融合关键环节、融合方式、融合机理以及演化规律进行研究，在多元视角下系统深入地分析新一代信息技术与制造业融合的机理和动态演化规律，为本课题研究奠定理论基础；②通过构建的融合系统理论模型，系统评估我国融合发展的现状、问题和瓶颈，使得评估更加科学、客观，为提出发展路径和实施对策指明方向；③充分考虑我国制造业与新一代信息技术融合水平不平衡不充分的状况，提出推进我国新一代信息技术与制造业深度融合的差异化发展模式和动态发展路径，以更加精准有效地推进我国制造业实现全面智能化升级，为我国处于不同融合阶段的制造业智能化升级明确路径。

通过研究上述问题，拟实现的研究意义有：

一是理论意义方面。基于多学科交叉融合视角，从价值实现、技术进化、组织系统三个维度系统分析新一代信息技术与制造业融合的内在机理，构建两者融合的“技术-经济”互动演化规律理论模型，并从制造业智能化水平视角构建两者融合发展的影响因素理论模型。这些研究成果将丰富和深化工业化和信息化融合、智能制造等相关理论研究。

二是现实意义方面。基于我国制造业与新一代信息技术融合的基础、优势和瓶颈，提出分阶段的差异化融合发展模式、动态路径以及实施对策，将有助于进一步明确我国制造业在与新一代信息技术融合的过程中不平衡、不充分发展的问题及其原因，加快推进我国制造业全面向数字化、网络化、智能化发展，进一步落实《中国制造2025》的战略部署和推进效果，支撑中国制造业完成由大到强的转变。

1.2　国内外研究综述

拟对新一代信息技术与制造业深度融合相关研究进行归纳整理与细致分析，系统回顾和分析归纳新一代信息技术与制造业深度融合的影响因素及其对制造业转型升级的系统影响，并进行文献述评。

1.2.1　国内外相关研究概况

1. 国内相关研究概况

学者们已经从多角度、多方面对新一代信息技术与制造业深度融合相关领域进行了研究，为直观形象地展现新一代信息技术与制造业深度融合相关领域的已有研究基础，借助BIBEXCEL文献分析软件，从文献计量学的视角出发，对新一代信息技术与制造业深度融合相关领域已有研究成果进行分析，从而梳理总结相关研究基础。为梳理归纳国内关于新一代信息技术与制造业深度融合的研究现状，文献数据池选取中国知网（CNKI）数据库。文献检索规则为：①主题="新一代信息技术"或"制造业"和"融合"；②来源类别="CSSCI"或"CSCD"；③时间范围=［2011，2021］。依照此检索规则获取文献812篇。新一代信息技术与制造业深度融合的关键词词频统计如表1-1所示，主题词知识图谱如图1-1所示。

表1-1　关键词词频统计（CNKI）

序号	关键词	词频	序号	关键词	词频
1	制造业	58	8	高质量发展	19
2	产业融合	45	9	人工智能	14
3	生产性服务业	38	10	转型升级	13
4	装备制造业	26	11	全球价值链	13
5	智能制造	25	12	新一代信息技术	13
6	数字经济	20	13	工业互联网	13
7	互联网+	19	14	制造业服务化	12

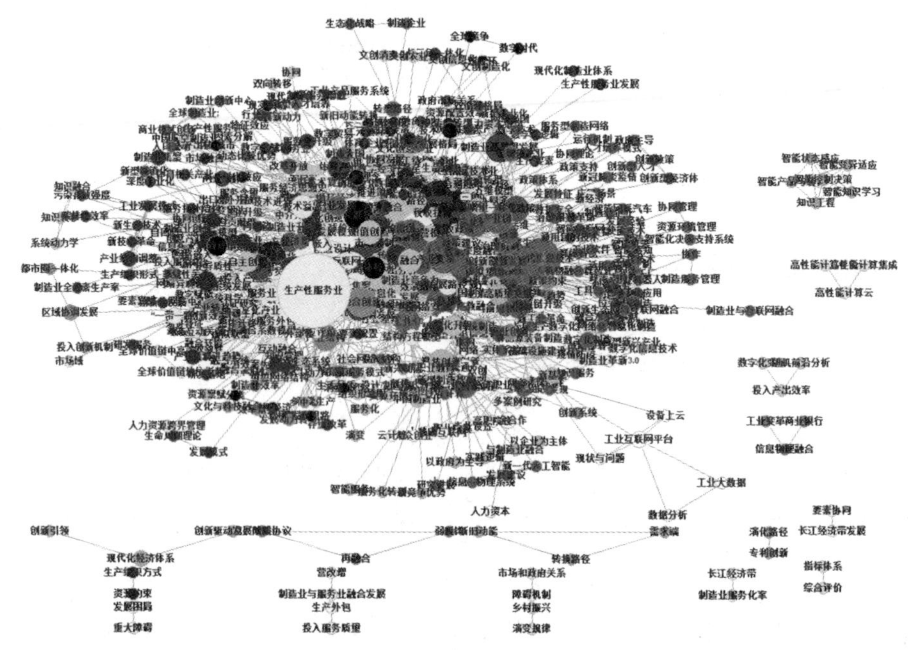

图1-1　主题词知识图谱（CNKI）

从关键词词频统计表（CNKI）中可以发现，产业融合成为制造业未来发展的主要前进方向[1]，生产性服务业逐渐替代了传统制造业，智能制造与数字经济深刻影响着实体经济的发展形态，日益成为推动现代经济体发展的重要动力[2]。在“互联网+”背景下，人工智能、工业互联网等新一代信息技术是促进制造业转型升级、实现高质量发展的重要动力因素[3]。新一代信息技术的应用带来制造业生产效率以及价值链各环节附加值的提高，数字化的智能制造基础设施大幅提升了生产速度与质量，制造业服务化的新模式渗透至价值链诸多环节，实现制造业全流程价值增值[4]。

从主题词知识图谱（CNKI）可以发现，新一代信息技术与制造业深度融合相关研究领域已经得到国内学者越来越多的关注。新一代信息技术有利于重构制造业现有的组织模式，重新整合与配置制造业全产业链的资源要素，有效降低产品生产全流程各项成本，实现规模、聚集、知识、范围与速度等全方面的经济效应[5]。新一代信息技术在制造业日益渗透，制造业的产业链、供应链、创新链和价值链等诸多领域的管理方式、组织模式和协调机制等已经发生转变。新一代信息技术极大地拓展了制造业的组织全流程，将不同产业领域的各个相关主体聚合起来产生更多的价值[6]。在新常态发展背景下，制造业的发展环境与条件平台发生明显变化，技术创新日益提速、市场需求动态变化、管理模式要求更新等因素对制造业的产品生产制造流程提出新挑战[7]。作为制造业转型升级的新动能，新一代信息技术可以有效拓宽制造业服务边界，借助智慧云平台促成制造业转型升级生态圈的形成与发展[8]。

2. 国外相关研究概况

为追踪新一代信息技术与制造业深度融合相关领域国际研究前沿，把握新一代信息技术与制造业深度融合相关领域的国外研究现状，借助BIBEXCEL文献分析软件，从文献计量学的视角出发，对新一代信息技术与制造业深度融合相关领域已有研究成果进行分析，从而梳理总结相关研究基础。为梳理归纳国外关于新一代信息技术与制造业深度融合的研究现状，文献数据池选取web of science（WOS）数据库。文献检索规则为：①主题=“information technology”“manufacturing”和“Integration”；②来源类别=“SCI”或“SSCI”；③时间范围=［2011，2021］。依照此检索规则获取文献683篇。新一代信息技术与制造业深度融合的关键词词频统计如表1-2所示，主题词知识图谱如图1-2所示。

表1-2 关键词词频统计（WOS）

序号	关键词	词频	序号	关键词	词频
1	industry 4.0	35	8	intelligent manufacturing	16
2	manufacturing	32	9	internet of things	15
3	supply Chain Integration	31	10	cloud manufacturing	14
4	information Technology	18	11	integration	13
5	lean Manufacturing	17	12	knowledge management	12
6	digital Twin	16	13	cloud computing	11
7	additive manufacturing	16	14	artificial intelligence	10

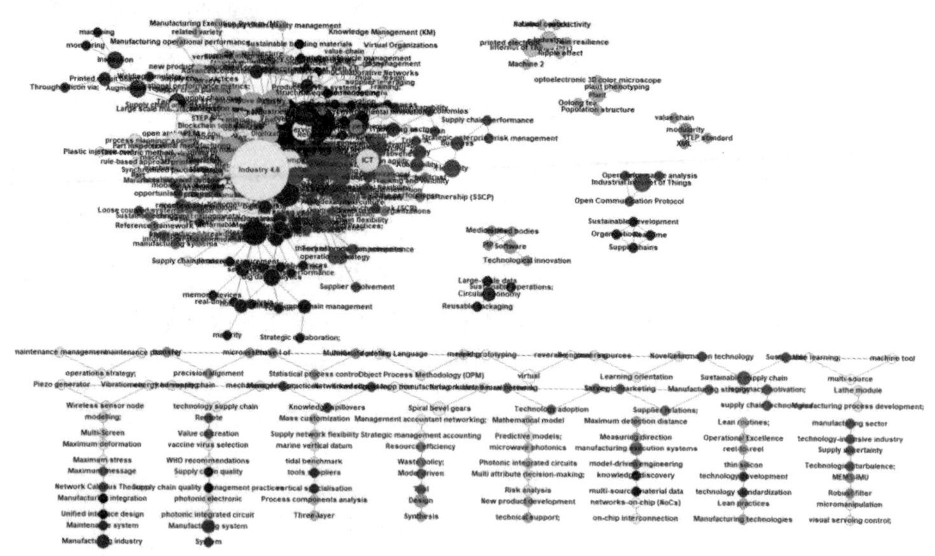

图1-2　主题词知识图谱（WOS）

从关键词词频统计表（WOS）中可以发现，工业4.0是国际研究学者较为关注的热点领域，新一代信息技术与工业生产制造技术的交互融合是推动制造业智能升级的关键[9]。供应链整合与重构是新一代信息技术与制造业深度融合的直观体现。新一代信息技术通过获取有效的信息，提高多元主体交互的精度来促进制造业供应链重构[10]。精益制造、增材制造、智能制造、云制造都有赖于新一代信息技术与制造业的深度融合，新一代信息技术可优化生产制造流程中的决策环节，以更加智慧高效的方式引导制造业转型升级[11]。数字孪生技术、物联网、云计算、人工智能等新一代信息技术可以将制造业产业链、供应链、价值链等不同链条上的多元运营主体、资源配置平台、技术应用数据库等高度连接，形成相互关联、相互依存的网络关系，有效增加产品生产制造全流程中不同参与主体之间的开放链接深度[12]。新一代信息技术与制造业深度融合发展的过程中，还需重点关注相关的知识管理，新一代信息技术带来的信息化驱动与技术创新驱动提高了信息技术在制造业的辐射广度，但是为了保障更加有序、更加多元化的治理强度，需要提升制造业在深度融合新一代信息技术过程中的知识管理水平[13]。

从主题词知识图谱（WOS）来看，国际上关于新一代信息技术与制造业深度融合的相关研究覆盖了较多的细分领域，相关研究已经得到较多学者的充分讨论。新一代信息技术的深度应用已经成为制造业未来发展的主要方向，有利于实现制造业复杂产品制造与运维流程的深度融合。制造业产业结构在新一代信息技术的作用下逐渐转向模块化，以一种更加高效灵活的生产体系来快速推出新产品和新服务[14]。新一代信息技术可通过信息的互联互通、数据的实时共享、决策的智能优化来控制生产模块的精细化切割和再组合，针对市场动态变化的需求，实现柔性化、大规模、个性化定制生产，高效驱动制造业朝着"感知化、互联化、智能化"发展[15]。在知识经济背景下，数据要素正发挥着越来越重要的作用，制造业把握市场新机遇，预测市场新变化，拓展市场新业务的关键就在于数据的知识化，而数据高效利用的核心途径正是新一代信息技术的深度融合[16]。新一代信息技术是将制造业与产业链、供应链上的其他主体联系起来的基础通道，借助实时互联的信息技术对产品生产流程中的各个环节进行智能化追踪与管理，从而实现产品的全生命周期管理[17]。

1.2.2　新一代信息技术对制造业的影响相关研究

1. 影响机理

当前，我国正处于经济发展动力转换、产业结构亟须调整的重要时期，制造业结构升级本质上是产业替代发展的动态前进，主要表现为发展较为先进的产业作为主导产业带动其他产业领域发展，在这其中，技术升级发挥了重要作用。而制造业结构升级的重要动力来源之一便是新一代信息技术[18]。由于生产制造全流程的连贯性，制造业不同的产品生产链条、不同的研发设计模块、不同的产品服务渠道、不同的产业组成部分等都存在着紧密的联系与实时的链接，制造业的生产模式重塑与结构更新升级需要从复杂系统的全面角度考虑。新一代信息技术正是串联产业结构各个模块、生产流程各个环节、产品生命周期各个阶段，以及产业链各个主体等的关键核心技术。新一代信息技术是产业关联系数最大的一类产业，在制造业领域具有较大的融合发展潜力，能够带动制造业的发展[19]。孔存玉等[20]认为制造业受新一代信息技术影响，其要素结构、生产方式、组织结构以及价值来源将会产生根本性变革，新一代信息技术对制造业的影响机理可从通过产业创新与产业融合激发潜在的发展空间，通过多元制造业主体有效对接与高效协同促进制造业体系与信息技术体系的开放共享等方面进行深入解释。王玉荣等[21]利用2013—2019年中国制造业A股上市公司数据实证检验发现，工业互联网作为优化资源配置、强化产业协作配套对接的重要载体，为制造企业实现数字创新提供了可行路径。Moyano-Fuentes等[22]研究发现内部整合与外部集成可以保障先进制造技术的高效应用，进而提高制造业的响应能力。Omar等[23]基于马来西亚北部地区的制造公司问卷数据发现，信息共享水平、信息质量和信息技术工具的使用将会影响制造企业的供应链管理水平，进而影响制造企业绩效。

2. 影响程度

新一代信息技术推动了制造业的发展，科技革命逐步推进，全球科学技术创新变革和制造业发展呈现出新的特征和趋势。制造业在产业变革浪潮的席卷下逐渐融合新一代信息技术，这一技术革命建立在物联网的基础上，核心是制造业的智能化发展，技术革命在制造业的影响覆盖面正在逐渐扩大[24]。技术进步是社会经济发展和制造业动能转换的核心，熊·彼特在做了大量关于工业革命的研究后，仔细归纳并整理了工业革命进程的相关知识，指出产业发展的脉络首先是科学，其次是技术，最后才是产业革命，技术进步在制造业发展全过程中一直发挥着稳定的作用[25]。罗序斌[26]为找寻制造业在信息时代创新升级和快速发展的核心因素，巧妙地从生态-产业-技术三维视角出发，发现了新一代信息技术正是核心因子。石喜爱等[27]认为中国制造业在新时代迎来重要的发展机遇，高质量发展的关键动力就是新一代信息技术的创新应用。Benzidia等[28]利用379家法国制造企业数据实证检验了区块链技术在工业4.0时代对于探索和利用创新管理具有重要作用。Wu等[29]以技术效率作为衡量新一代信息技术与制造技术融合发展的指标，发现信息技术会对制造业内部技术集成与协同发展产生重要影响，同时也会提升制造业绩效。

3. 影响路径

随着新一代信息技术的集成突破与融合渗透，大数据、云计算、工业互联网、人工智能等前沿技术拓宽了制造业资源配置的广度，增加了制造业技术应用的深度，革新了制造业组织结构，重塑了制造业生产方式[30]。新一代信息技术重新定义了制造业转型升级后的经济功能，重构了制造业参与市场竞争所依赖的要素结构与技术基础，辅助制造业以更快的速度响应多元的市场需求[31]。陈志祥等[32]认为制造业转型升级需要新一代信息技术提供的强大技术支撑，新一代信息技术对制造业的作用模式主要分为三种，分别是基于提高管理效率与信息共享能力的集成应用模式、基于技术创新与协同产品开发平台建设的应用模式，以及基于提高制造过程自动化与智能化水平的应用模式。Sundram等[33]利用248家马来西亚制造公司的问卷数据实证检验了信息管理和信息系统基础设施对制造绩效产生的影响，在此过程中，供应链整合能力发挥着调节作用。肖静华[34]认为新一代信息技术有助于制造业从工业化体系转型到数字化体系，这一转型过程涉及的要素较多，既需要先进技术提供转型动力，又需要管理模式提供运营支撑，还需要从价值实现的角度考虑，将数字化价值发挥到最大，其最终目的是借助新一代信息技术来改变制造业的生产制造模式与流程，实现收益提升。吕文晶等[35]基于海尔集团智能制造COSMO平台的探索性案例研究，发现工业互联网是中国制造业智能化转型的核心，建设工业互联网企业级平台是中国制造业企业转型升级的主要方向，工业互联网平台的建设需要同时考虑互联网经济特征与制造业自身要素，工业互联网平台的治理需要在技术模块的开放与封闭之间达到平衡。

1.2.3 新一代信息技术与制造业深度融合影响因素相关研究

1. 驱动因素

制造业的转型升级越来越需要加强信息建设能力，数据资源在制造业发展过程中发挥的重要作用越来越凸显出来，产业革新的首要动力便是促进新一代信息技术与制造业生产管理、运营维护等多场景的深度融合，进而促进制造业高质量发展[36]。肖静华等[37]通过对美的集团2011—2018年从大规模制造到智能制造跨越式战略变革的纵向案例研究发现，通过信息技术能够驱动两阶段的跨越，第一阶段的能力跨越体现为数字化管理替代粗放式管理，第二阶段的体系跨越表现为智能化取代工业化，在两阶段跨越中，数字技术都发挥了至关重要的作用。李春发等[38]认为新一代信息技术与制造业深度融合的动力来源主要是数字新技术作用下的产业链组织分工边界拓展、交易成本降低、价值分配转移和需求变化倒逼等四个方面。新一代信息技术通过发挥数字要素可重用、可共享、可储存和可无限增长等优势，在生产制造活动中深度应用，为制造业的产品设计、生产制造、流程运营和市场服务等一系列产品活动带来了极大的变革。Sasiain等[39]认为新一代信息技术可完善工业智能网络，实现安全和灵活的工业物联网应用，有利于提升制造业的灵活性、效率和安全性。Martínez-Caro等[40]认为数据资源作为一种新的生产要素，与传统生产要素相比具有更强的自由流动性，新一代信息技术可通过高效利用数据资源来发挥“价值创造”功能。黄赜琳等[41]利用2011—2019年中国地级市数据与制造业上市公司数据实证检验了数字技术对制造业升级的影响机制、实现条件与空间溢出效应，认为数字技术已成为推动制造业转型升级，催生新产业、新业态、新模式的重要驱动力。

2. 环境因素

在当今信息时代，制造业面临的行业内部与外部的约束越来越多，而直面挑战、破解难题的关键就在于扩大信息技术在制造业发挥的正面效应，制造业升级转型的新动力正是由信息技术的资源效应带来的[42]。企业生产经营过程中的信息技术资源是制约传统制造企业从“微笑曲线”底端向制造服务化和创新研发两端延伸的重要影响因素[43]。市场需求受到互联网浪潮冲击发生转变，制造业的发展环境发生较大变化，消费者大批量消费转变为个性化定制化消费，市场需求的转变就要求传统制造业相应地进行数字化网络化智能化升级，商业模式和生产方式都需变革创新，制造业朝着线上线下协同营销和大规模个性化定制发展[44]。丁雪等[45]从价值链的视角进行研究，认为我国制造业在融合应用新一代信息技术的大背景下，应加强技术创新研发，在开发自主技术与产品的基础上充分了解用户需求，将自身技术突破与迎合市场需求同步进行，以实现功能升级、流程升级、价值链升级以及产品服务升级的具体转型升级路径。吴友群等[46]利用2000—2014年中国制造业面板数据进行的实证检验表明制造业数字化可通过成本效应、配置效应和协同效应来促进制造业全球价值链竞争力的提升。黄群慧等[47]通过超边际与一般均衡分析，利用历史数据作为工具变量，研究发现互联网技术主要通过减少资源错配、大幅削减制造成本与提高研发水平等来推动制造业全要素生产率的上升。

1.2.4　新一代信息技术与制造业深度融合路径相关研究

1. 产业智能化升级

工业革命的浪潮席卷新时代，新一轮科技革命如火如荼地进行，产业变革的脚步愈发加快，而把所有这一切革新串联起来的主线正是制造业与新一代信息技术的融合。新一代信息技术推动了制造业产业形态发生根本性变化，促进了制造业创新与技术变革的结合、工业生产与生产管理的结合，以及虚拟经济与实体经济的结合，引发了生产革命、物流革命和市场需求的大幅提升[48]。生产制造的面貌在互联网、云计算、物联网和大数据等信息技术的影响加持下已经发生巨大的变化，人工智能技术更是革新了制造业全产业链的生产制造方式，智能化进程在新一代信息技术的彻底性影响下逐渐加快。信息科学在制造业全流程中发挥着重要作用，制造业产品设计阶段、质量提升阶段和客户服务阶段等各个阶段均受到计算机信息技术的关键影响，各种各样的网络化众包设计方法贯穿制造业产品生产的各个生命周期，高效推动着制造业产业运营优化[49]。制造业在实现智能化生产制造的过程中无疑会受到信息技术的影响，制造全产业流程中出现的柔性生产、分布式控制及实时信息传输等技术都依赖于信息技术的全面应用[50]。Hu[51]认为服务化是未来制造业发展的前进方向，制造业发展以服务市场需求为主要动力，更以市场需求的满足为关键目标，服务智能化目标的实现必须结合新一代信息技术，从研发设计到生产制造，再到销售服务，最终满足顾客需求，制造业生产制造的最终朝向便是科学服务。杨秀云等[52]认为产业融合从创新市场组织、重塑生产方式和价值网络、自身价值创造以及改变市场主体行为等四个方面来融入实体经济，只有深入探析新一代信息技术融合产业生态系统的内在关系及其关键影响因素，才能创造出更多的经济价值并有效解决中国制造业正在面临的瓶颈障碍。卞亚斌等[53]归纳整理了大量制造业转型升级的文献，从企业角度出发，指出制造业的价值增值主要来源于管理模式改善、供应链效率优化和生产要素高效配置，而要实现这一切的核心在于新一代信息技术。

2. 产业链重塑

新一代信息技术的深度融合使得跨时空流通的信息资源成为制造业发展的核心要素，大幅提升了制造业自动化、智能化水平，重塑了产业链上各个参与主体的行为方式，推进了大规模个性化定制、网络化协同制造和柔性化生产[54]。窦克勤等[55]认为新一代信息技术的深度融合有利于提升制造业产业链云上协同水平，依托工业互联网平台加快打造“云上产业链”，使不同的制造主体或者生产模块在云端实现系统协调运作，以产业全流程与制造结构的数字化增强制造业发展的可持续性。陶永等[56]认为传统产业链围绕着工业软件、工业网络、工业控制、工业传感和装备产品等细分领域，而随着人工智能、云计算和大数据等新一代信息技术的融合应用，新兴产业链转变为“工业互联网平台+边缘计算+智能装备产品”的新型产业格局。Dobrescu等[57]认为新一代信息技术为制造业产业链提供了垂直与水平的双向通信，可以更加高效地处理数据以做出快速决策，从而促进实时过程控制。新一代信息技术对于制造业产业链的重塑体现在许多方面，依托物联网可以高效采集来源于生产制造各个流程线条上丰富多样的数据，基于云计算方式可以获得可靠性高、灵活性高、速率较快的数据存储能力，利用人工智能可以增强数据挖掘能力，让数据要素发挥更大的价值[58]。Perez等[59]认为新一代信息技术为大规模定制与个性化生产提供了健全的信息支持基础，加深了制造业产业链中工业系统的互操作性，将市场需求信息与生产流程数据相融合，解决了大规模定制系统面临的主要问题。

3. 数字化转型

新一代信息技术与制造业深度融合和制造业数字化转型有着紧密联系。在数据成为新的生产要素的知识经济时代，信息的精准匹配成为制造业创新发展的动力来源。新一代信息技术的深度融合可以帮助制造业构建数据收集、传输、储存、处理和反馈等一系列活动的闭环，从而提高制造业整体运行效率，建立全新的数字技术体系，进而促进制造业数字化转型[60]。Zhang等[61]认为数字化为制造业加速复杂产品设计、制造和服务的集成提供了机会，通过数字信息可实现物理实体与虚拟实体的转换，进而将产品生命周期中的关键要素深度整合起来。新一代信息技术为制造业生产与管理方式优化提供了数字技术支持，可以改善各类生产要素在制造业产业链内的配置状况。随着新一代信息技术对制造业生产流程的逐渐渗透，有形的生产要素逐渐无形化，无形的生产要素在各个信息设备中实时传导，信息传递效率与信息透明度均大幅提升[62]。韦庄禹[63]认为数字技术应用可以显著提升制造业的资源配置效率，依托数字技术可以持续释放制造业的规模经济效应和范围经济效应，不断吸纳优质的生产要素，进一步优化制造业的资源配置。涂心语等[64]认为通过工业互联网平台，数字化转型能够汇聚制造业各环节主体，促使知识要素、数据要素在制造业内部各系统之间加速共享和流动，优化资源配置，助力制造业实现并行、敏捷交互和模块化设计与产品生产。李晓华[65]认为数字科技的成熟、应用、扩散与融合，推动制造业在产品形态、生产方式和客户关系等方面发生深刻的变化。He等[66]认为数字技术可以实时掌握智能制造系统的状态并预测系统故障，有利于实现更好的产品质量、更高的生产力、更低的成本和更高的制造灵活性。

1.2.5　总体述评

总体来说，制造业未来的发展趋势逐渐明朗，大力发展智能制造业已成为国内外学者研究的热点课题。已有文献大多是关于信息技术对制造业影响及其融合发展影响因素的研究，制造业发展前进的道路上注定少不了新一代信息技术，从制造业产品研发初期，到生产制造流程，再到服务管理阶段，新一代信息技术参与了制造业全产业链，转型升级面临的挑战与解决难题突破瓶颈的方式方法被广大学者热议。但是，已有文献对于新一代信息技术与制造业深度融合的动态发展路径并未形成一致的结论。现有研究虽然从不同的角度进行了探讨，但是鲜有学者从不同学科相互借鉴、相互结合的角度出发，更少有研究探查新一代信息技术与制造业融合发展的技术、组织和价值等不同方面的演化机理以及深度融合的关键要素。其次，新一代信息技术与制造业融合发展的现状与运行规律已经得到较多的研究，但是尚未区分融合发展的阶段。在新一代信息技术与制造业融合发展的过程中，不同阶段往往具有不同的发展特征，其提升路径也是不同的，对于契合不同阶段特征的独特运营模式的要求也是不同的，需要分类讨论。最后，本研究尝试从中国实际发展背景出发，基于制造业发展的现实基础来驱动新一代信息技术与制造业深度融合发展。

1.3 本书的主要创新之处

本书按照“融合机理与演化规律的理论和仿真研究—融合发展现状与问题的实证研究—融合发展思路、路径与对策的应用研究”的基本思路，考虑内在机理规律与中国产业实践相结合、国际先进理念与中国现实情境相结合、动态战略路径与可操作对策相结合，系统研究新一代信息技术与制造业融合的内在机理和演化规律；全面评估我国新一代信息技术与制造业融合发展现状和瓶颈问题；提出适合中国国情的推进我国新一代信息技术与制造业深度融合的差异化发展模式、动态推进路径以及实施对策。

主要创新点体现在以下三个方面：一是研究视角上，更加系统全面地剖析新一代信息技术与制造业的融合机理和演化规律，改变以往从单一学科单一维度研究的局限性；二是研究方法上，更加科学客观地评估我国新一代信息技术与制造业融合发展状况，改变以往评估的主观性较强的局限性；三是研究目标上，更加精准有效地提出推进我国新一代信息技术与制造业深度融合发展的模式和路径，改变以往单纯借鉴西方发达国家单一发展模式、路径的局限性。

第2章　新一代信息技术与制造业的深度融合的内涵和机理研究

以云计算、物联网等技术为代表的新一代信息技术，对全球技术创新体系和商业模式产生了重要影响。我国“十三五”期间提出新一代信息技术是制造业转型提升的重要契机，新一代信息技术与制造业融合发展已经成为一项重要任务，从根本上改变制造业的技术基础、组织模式和价值形态。近年来，我国智能制造虽然取得了一定的成就，但整体发展水平与发达国家还存在一定差距。究其原因，我国在促进制造业发展全过程中存在着重视技术升级创新而忽视组织系统管理与价值实现机制创新的现象。因此，在制造业朝着智能制造方向迈进的道路上融合应用新一代信息技术，应该同时关注制造业的技术进化（technology）、组织系统（organization）和价值实现（value）（拟简称“T-O-V”视角）。基于此，本章拟按照“内涵解析—机理分析—系统构建”的思路对新一代信息技术与制造业的深度融合机理进行系统分析，从而为后续章节奠定基础。

2.1　新一代信息技术与制造业深度融合的内涵解析

2.1.1　新一代信息技术与制造业深度融合的内涵解析

信息技术经历了从大型主机到个人计算机，从传统互联网到移动互联网的动态演化过程，所谓的新一代信息技术指的是以大数据、物联网、移动互联网和云计算等新兴技术与业态为代表的信息技术[67]。因此，新一代信息技术具有移动互联化、智能服务化和资源数据化等特征，体现出能耗低、成长空间大和产业关联度高等优点，可以应用到几乎全部现有产业，促进现有产业升级[68]。

新一代信息技术应用到不同的产业中，可以促使不同产业共享新一代信息技术[69]，或者实现新一代信息技术在不同产业之间的扩散[70]，进而影响企业、市场结构，实现产业技术升级[68]。基于此，新一代信息技术与制造业的深度融合是指以云计算、大数据、物联网、人工智能、5G和数字孪生等新一代信息技术作为支撑基础，数字资源成为核心生产要素，制造业生产方式从数字化、网络化到智能化，相应的企业形态向扁平化、平台化、自组织和无边界转变。

2.1.2　技术进化视角下新一代信息技术与制造业深度融合的内涵

智能制造的实现离不开先进制造技术，新一代信息技术贯穿制造系统集成全过程，覆盖了制造业产品设计、生产运营、制造服务和销售管理等每一个环节，助力制造业朝向高科技、协同化、智能化完成高效转变，最终推动制造业实现绿色、开放、创新、协调、共享发展。制造业发展的历史进程主要分为三个阶段，核心主题便是智能化制造[71]。制造业发展的第一个阶段围绕着数字化开展，这个阶段的制造企业主要利用计算机、通信、网络等信息技术，通过统计技术量化管理对象与管理行为，是制造业进行的初步积累。第二阶段的核心技术为网络化制造，它的表现形式常常是“互联网+制造”。“互联网+”可以有效促进互联网与制造业的融合发展，制造业价值网络内信息互联互通，资源共享水平提高，各个主体广泛开展互助合作，重新塑造了制造业的价值增长链，更高质量地助推制造业跨越技术发展难关，持续提升智能化水平。第三阶段的制造业主要围绕着智能化展开，这个阶段的制造业出现了许多前面阶段所不具备的特征，如深度学习能力、机器学习能力、数据分析能力和智慧处理能力等，这些能力的提升显著改善了制造业的生产制造能力，资源配置效率、要素生产效率和数据传输效率等明显提高，制造业整体面貌发生革命性变化，生产能力、制造能力、创新能力和服务能力得到提升。制造业渐进发展的三个阶段（或三种范式）淋漓尽致地展现出了制造业迈向智能制造发展的潜在规律，范式演进如图2-1所示。

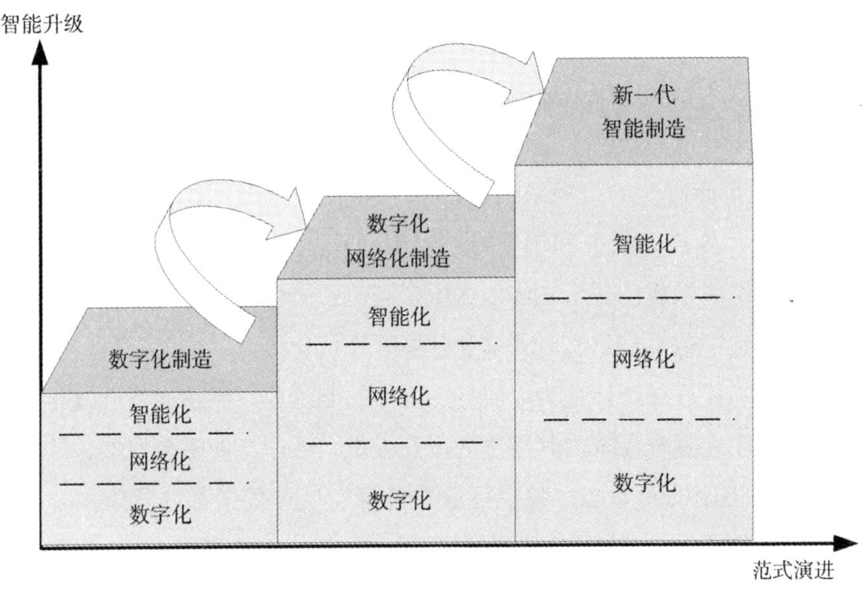

图2-1　智能制造范式演进

资料来源：根据文献资料［72］整理得。

首先，制造业渐进发展的三个阶段是有时间先后次序的，每一个阶段都有相应的特征，并且每一个阶段要重点解决的难题也不尽相同，三个阶段的演进充分展现了制造业融合应用新一代信息技术的特点，体现了智能制造技术在三个阶段上发挥的不同作用以及智能制造技术在每一个阶段的特征；其次，制造业渐进发展的三个阶段在技术上是一脉相承的，后一阶段的制造技术承接了上一阶段的技术积累，智能制造技术的演进呈现出了逐级递进的趋势，技术的更新升级、数据信息的互联互通和知识的厚积薄发等无一不在体现着制造业与新一代信息技术的融合性特征[72]。

2.1.3　组织系统视角下新一代信息技术与制造业深度融合的内涵

在新一代信息技术的推动下，制造业逐步实现智能制造，组织系统被分为三个层次，第一个层次以智能单元为中心，第二个层次主要是智能系统，第三个层次的核心是系统之系统。制造企业根据制造任务分配，安排某个生产设备进行生产工作，从而保证整个企业生产制造系统的有效运转，这个生产设备就是一个智能单元。若干个智能单元在同一条生产制造流程线或同一个制造网络内集成便成了智能系统，智能系统表现出来的最多的作业形式就是生产制造车间。若干个智能系统由于工作任务而集成在一起就组合成了系统之系统。

新一代智能制造的组织系统呈现出了从未有过的大集成特征。制造业企业内部研发、生产、服务和销售等过程实现智能化动态集成，也就是纵向集成；制造业组织系统内各个主体依托生产制造云平台与信息网络，完成了在线协同生产制造、数据信息实时共享和整体效率优化提升，这就是横向集成；制造业发展到新阶段逐渐转变为以服务为中心的制造业，制造业发展过程中所面临的金融需求、管理需求由其周边的产业提供，各个产业融合发展，共同打造了产业成长迅速的新业态；各个行业在自身发展过程中都注意应用智能化技术，各种智能产品层出不穷，共同营造了一个智能生态环境[72]。在新一代信息技术的融合应用的基础上，使得数据、资金、技术等多种生产要素以及设计、生产、营销、管理、服务等全流程活动紧密结合，从而形成组织系统的纵向集成。在组织系统纵向集成的基础上，人们可以更充分地利用计算机辅助工艺规划和制造执行系统等制造设计技术，来实现组织系统内的知识与资源共享，通过这种途径，制造业企业内部资金、数据、人力与信息等资源可以更高效地被人们使用。制造业组织系统的横向集成产生于制造业企业与合作企业及其供应商的密切合作。制造业横向价值网络建立在供应链管理技术的基础上，但是，制造业智能制造相关标准的制定、知识产权保护与利用、信息资源共享以及生产效率提高等方面依然面临着许多问题。这些问题的有效解决依赖于智能云平台的部署应用、工业互联网计划的实施以及共享知识信息库的采用，只有建立一个具有标准水平和可行性协议的共享资源知识平台，制造业组织系统横向集成的质量和效力才有可能得以提升。端到端集成在当下的发展中呈现出不可替代的作用，生产设备与设备之间的集成使得设备机器真正成为生产制造系统的一部分；制造系统中的工程师可以在含有客户集成的制造系统中实时有效地获取客户的反馈信息；制造商可以利用制造流程中由产品到服务的集成来及时监控产品的使用情况，通过这种途径，制造系统价值链就可以延伸到客户使用产品的服务上[73]。

在制造业融合应用新一代信息技术实现创新发展的过程中，组织系统内的开放性、灵活性和集成性等特征使得智能制造朝着智能生态大系统的发展趋势前进。智能单元、智能系统和系统之系统等不同构成要素每时每刻都在进行着协同交互，这些都促成了智能制造生态系统价值网的形成[74]。在新一代信息技术的影响下，组织系统将逐步实现现代化的智能管理，组织系统内部的管理服务模式和分析决策机制将经历完善与革新[75]。新一代信息技术的应用增强了制造业部门与部门之间的沟通交流，突破了组织间的界限，改善了组织系统的管理结构，使得制造业内部组织系统的管理结构趋向于扁平化，制造业部门之间的知识共享效率也得以提升[76]。制造业在与新一代信息技术融合发展的过程中，组织系统的管理制度也相应发生了变化，传统的“机械组织”管理模式不再适用于现代化的组织系统，组织系统实现了“组织在线-沟通在线-协同在线-业务在线-生态在线”的全方位在线模式，以及“组织系统与组织系统-组织系统与人-人与人”全维度融合发展的智能化组织系统管理模式[77]。组织系统的具体发展趋势如图2-2所示。

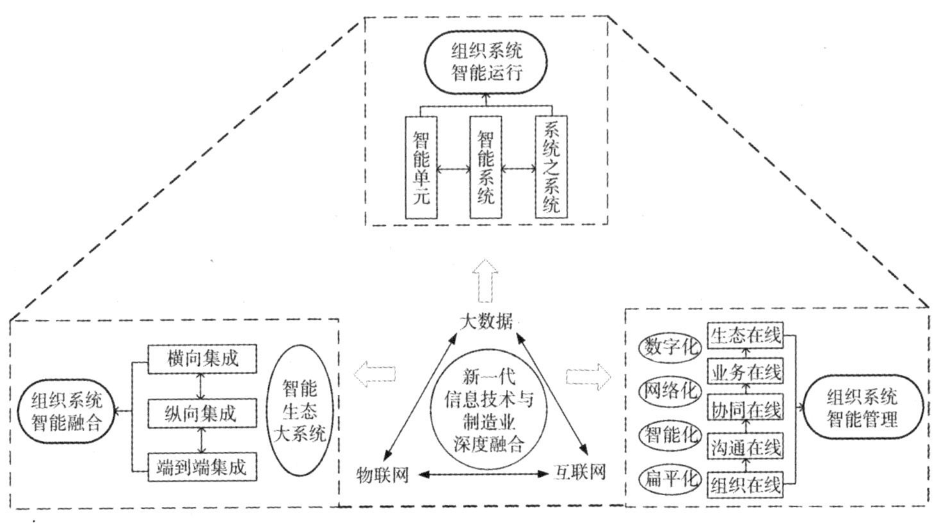

图2-2 组织系统的发展趋势

2.1.4 价值实现视角下新一代信息技术与制造业深度融合的内涵

人–物理系统（human-physical systems，HPS）是制造业最初的形式，物理系统是生产制造的工具，人正是使用这一工具来进行生产制造的操作者，同时人也是物理系统的开创者，制造业的生产制造工具由人来主导，人在使用制造系统完成工作时需要独立完成学习认知、相关感知、分析决策与控制操作[72]。随着人们工作复杂度的增加，制造业对于技术进化的需求越来越强烈，计算机、数字控制以及通信技术等信息技术的发明和快速普及使得制造业迈入了数字化制造时代。数字化制造最突出的特点是出现了信息系统，传统制造业所不具备的功能或未完全实现的功能在信息系统出现后变得可能，信息系统在人使用物理系统的过程中发挥作用，这使得制造系统得以进化，从原来的只包含物理系统和人的二元系统，在信息系统的作用下逐渐转变为三元系统，这个三元系统中信息系统的意义重大，呈现“物理系统–信息系统–人”（human-cyber-physical systems，HCPS）的特征。信息系统包括硬件和软件两个部分，信息系统的功能十分丰富，初步具备了人所拥有的部分功能，如感知信息并初步进行加工处理，分析遇到的问题并做出简单决策等。有了信息系统的这些初具智能化的功能，制造系统中的物理系统就可以不必被人实时操控，减少人的简单烦琐的重复工作。在数字化制造中，主体仍然是物理系统，信息系统的分析计算与控制工作在很大程度上减少了人类的工作量，主导了制造系统，但是人在整个制造系统中依然占据着主宰的地位，因为信息系统的分析控制模型都是利用研发人员的实验数据来制定的，同时信息系统的使用效果还要视使用者的经验与知识而定。数字化制造发展到一定阶段后，知识积累与实践经验丰富到一定程度，制造业逐渐向网络化制造转型，在这一进程中，互联网发挥了重要的作用，但是这个阶段的制造业组成部分没有发生变化，还是拥有着物理系统与信息系统，人是使用这些系统的主导者，而信息系统发生了变化。信息系统的技术组成中加入了云平台和互联网，互联网连接了物理系统的各部分，云平台连接了信息系统的各部分，与此同时还连接了人，有效促进了系统集成，信息系统实现了协同集成优化以及信息互联互通。网络化制造关注的中心发生了重大的变化，之前的制造围绕着产品展开，网络化制造阶段开始转向以客户为中心，制造中心的转变促使生产制造系统也发生改变，不再只关注生产，而是同时关注生产与服务两个方面。新一代信息技术是这一轮科技革命浪潮中的重要技术，互联网、物联网、云计算和大数据逐渐内嵌于生产制造系统中，智能制造技术的迭代升级正是在信息技术的广泛应用下进行的，先进制造技术的发展也带动了HCPS的升级，在新阶段中升级为HCPS2.0。信息系统在HCPS2.0中发挥出了更大的作用，初步具备了信息认知与学习的能力。在处理大量问题的基础上，信息系统经过重复的训练产生了学习知识的能力，学习能力的具备使得信息系统在遇到难题时可以进行计算与处理，有效提高其感知能力。制造业在实现智能制造的进程中综合集成了各种有利于提高生产制造效率的系统，人在这些生产制造系统中居于核心地位。先进制造技术的发展机理在信息系统与物理系统的更新中得以诠释，HCPS2.0具体如图2-3所示。

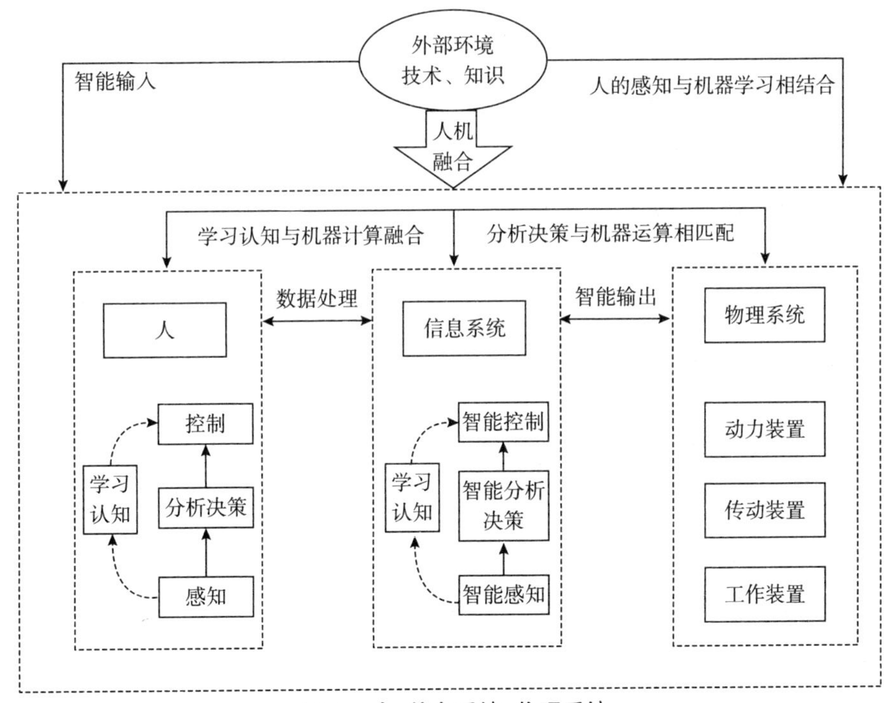

图2-3　人–信息系统–物理系统

资料来源：根据文献资料［72］整理所得。

制造业融合应用新一代信息技术实现智能制造的根本目标是创造经济价值并优化价值，而构建与应用人-信息系统-物理系统三元制造系统是实现创造价值并优化价值的重要途径。智能制造的价值实现主要表现为研发设计个性化、管理模式智能化以及制造系统集成化[78]。智能制造实现产品创新一方面通过研发设计产品时采用数字化、网络化、智能化的设计方式来实现创新升级，以提高产品设计的效率和质量，另一方面通过生产制造技术的集成化、智能化、定制化来提高产品服务的性能和功能，以期为制造业企业带来强有力的市场竞争力与更高的附加值[79]。新一代智能制造的重要特征——制造系统大集成，也是新一代智能制造价值实现的重要方式[73]。

产品制造在过去是制造业唯一的价值实现方式，在新一代信息技术的作用下，“产品+服务”成为制造业重要的价值来源渠道，制造服务化是制造业新的价值增长点，也就是说制造业逐步实现面向服务的智能制造。新一代信息技术的引入，使得服务在制造业生产制造系统中占的比重越来越高，简单的产品制造能够带给制造业的价值越来越有限。首先，产品制造在新的市场环境下变得越来越多样化，唯有面向服务才能够增加产品的附加值；其次，制造业企业开始意识到“制造即服务”理念的重要性，制造业制造资源、生产能力以及创新技术都可以通过服务来实现共享与优化，从而让制造业所有资源充分发挥作用，实现价值创造[80]。

制造业价值实现最有效的途径就是智能制造。智能制造实现进程中最先需要解决的就是技术难题，生产制造向着智能生产转变，用生产制造数字化来带动制造业全行业网络协同，生产环节逐步转型升级为具有更高附加值的智能制造。制造业企业在实现智能生产后，积极应用物联网的技术优势来开发产品，传统的工业产品逐步退出市场，代之以基于云计算、互联网和大数据的智能产品，制造业朝着智能服务化转型升级，逐渐转变为面向客户的服务中心范式，不断实现价值创造。智能制造价值网络主体关系不再是“竞争关系”，而是转变为“竞争合作”关系，制造业全行业及其相关行业最终会发展到“共生”状态。制造业价值网络外围被客户群、供应商、同行业竞争者和经销商等所环绕，内部则是包括了智能化生产和服务等要素，并由价值网络和科研机构提供创新支持，相关部门提供制度支持，投资行业提供财力支持，高等院校提供人才支持[81]。制造业融合新一代信息技术，将会让制造业价值网络的共享性与开放性得到进一步增强，不同的经济主体携带着其优势资源与技术能力参与到智能制造价值网络中，协同互助、合作创新和高效竞争在各个主体间展开，将各个主体的技术优势协同于智能制造网络平台，产生综合性的平台优势，使得智能制造主体间的合作共生能力、自主创新能力以及资源共享程度得到进一步的提升，智能制造价值创造也实现不断突破，制造业整体价值增加并不断优化[82]。智能制造价值网络通过智能技术，将分散的客户需求统一集成为有机整体，利用多主体交互的业务融合与资源整合，驱动制造系统实现自主创新，制造业不再局限于产品本身，客户逐渐成为制造业价值实现的中心[81]。价值实现的发展趋势如图2-4所示。

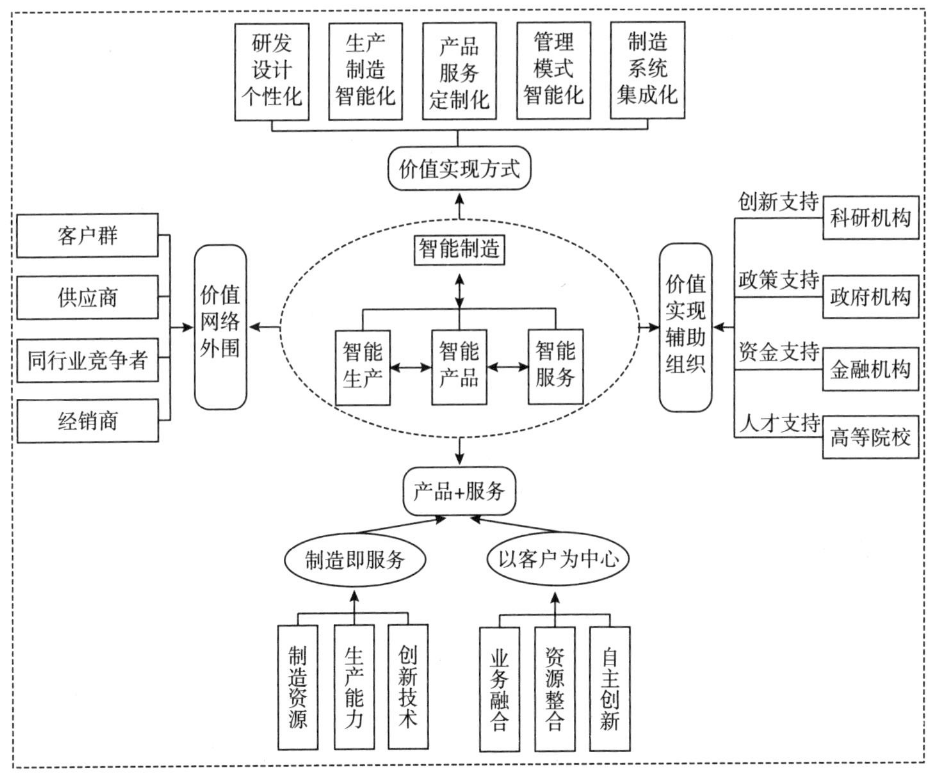

图2-4　价值实现的发展趋势

2.2 新一代信息技术与制造业深度融合的机理分析

根据前述的分析可知，“技术进化、组织系统、价值实现”三个维度相互作用、协同演化是新一代信息技术与制造业融合发展的过程。因此，深刻剖析新一代技术与制造业融合发展的作用机制、影响以及要素互动，有利于对“技术进化（T）-组织系统（O）-价值实现（V）”视角下新一代信息技术与制造业融合发展展开系统化研究。

2.2.1 “T-O”视角下新一代信息技术与制造业深度融合机理分析

新一代信息技术会深刻作用于制造业的发展，促使制造技术与制造业企业之间的关系经历了“技术决定论-技术结构化理论-互构论”的演化过程。技术决定论认为，高绩效是制造业企业追求的主要目标，而要实现高绩效这一目标，首要条件便是提高生产制造技术水平，生产制造技术水平的高低直接决定了制造业企业能否获得更高的绩效。受到绩效的制约，先进制造技术与制造业组织结构的关系发生转变，技术上的更上一层楼需要组织结构的支撑，在这其中起到关键作用的就是制造业的绩效。技术结构化理论认为，制造业组织结构的完善会受到规律性技术演进的影响，在这其中，技术对组织结构发挥作用的主要方式为隐藏在技术中的演化进程，而且组织结构有非常多的影响因素，技术只是其中之一，就算是同一种技术，在组织结构的不同时期对组织结构产生的影响也会截然不同，进而会引发组织结构朝着不同的方向转变。互构论认为，在传统制造业企业引入新一代信息技术后，技术向组织提供方法支持，组织向技术提供基础支撑，技术与组织互动构建，技术在制造业企业中的作用越重要，技术进化对组织结构的影响程度就越强[83]。技术对制造业组织系统发挥的重要作用日益凸显，技术会重新塑造组织系统的结构，并且会对组织系统完善的方向产生影响，这是技术对组织的建构；组织系统是技术进化的有力支撑，只有当制造业先进制造技术的前进方向与组织结构完善的方向相一致的情况下，组织结构才会对技术创新产生直接影响，这是组织对技术的建构[84]。在制造业组织系统中，充满着适应技术进化的各种科层结构。技术进化可能源自不同的方面，既有制造业组织系统内依靠自身科研创新产生的技术升级，也有借助市场力量直接获得的新技术。

制造业组织系统在技术进化的影响下，发生了较大的变化，在过去的制造业组织系统中普遍采用等级制度，管理经验的积累使得管理人员慢慢发现等级制度的缺陷，在技术应用的条件下，逐渐采用权变制结构[85]。组织系统内部管理组织模式、反馈体系、运营体系和控制体系的完善对制造业企业技术进化产生了深刻影响，促进了制造技术进化创新运行机制的重塑[86]。制造业在大数据、云计算和互联网等技术的影响下，在生产制造流程中采用人工智能技术，逐步向智能制造方向前进，形成了分布在智能单元、智能系统和系统之系统层次上的单点技术、多维技术融合等形式，以不同的作用方式对智能制造起到了引导推动效应。在制造业全行业技术进化的过程中，组织系统以客户为中心来运行，面向服务不断实现智能设计、智能生产、智能接入、人机交互、网络协同的管理运行模式。基于上述分析，技术进化与组织系统相互影响、相互作用，技术创新对组织系统中的人员、部门、成本、预算及绩效等管理系统都产生了深远影响。在新一代信息技术与制造业融合发展的演化过程中，组织系统与技术进化时刻互动，在技术升级的作用下，组织系统会实现管理效率提升以及管理模式智能化升级。同时，组织系统的智能升级需要技术进化的支撑，技术进化的创新发展也离不开组织系统各个职能部门的作用发挥，技术进化与组织系统的协同演化进程具有部分生物共生机制的特征。技术进化与组织系统的协同演化机理具体如图2-5所示。

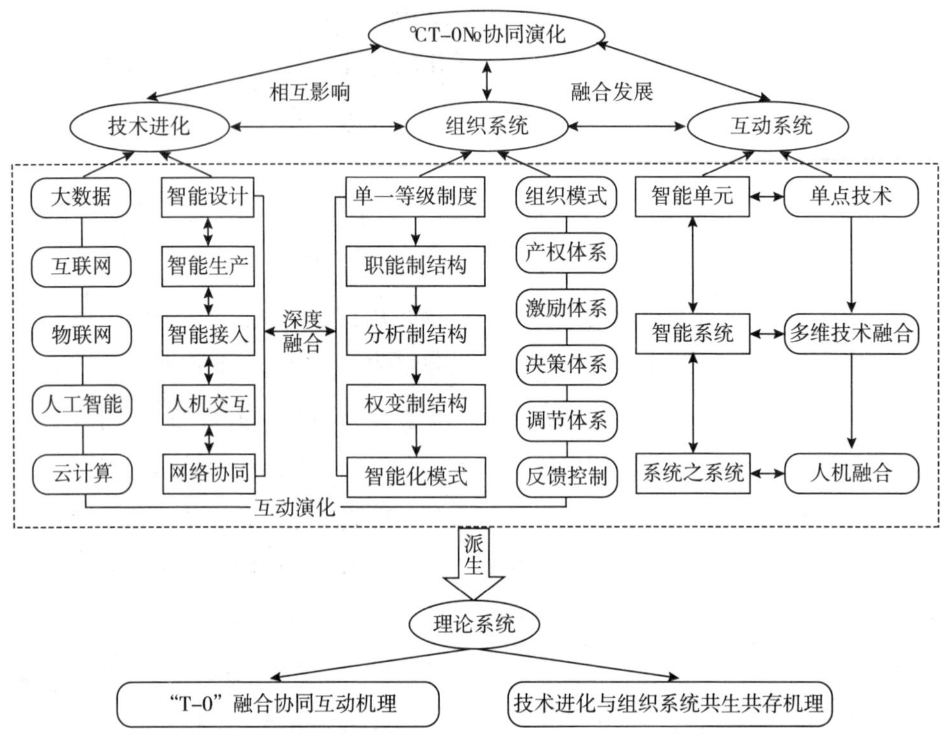

图2-5 “T-O”视角下新一代信息技术与制造业深度融合机理

2.2.2 “T-V”视角下新一代信息技术与制造业深度融合机理分析

新一代信息技术的运用，促使制造业企业价值实现模式由以产品生命周期为主线的单向价值链转变为以多元共享、协同创造为主的价值网络模式。同时，技术进化推动制造业各个主体之间的价值关系完成“竞争—竞争合作—共生”的演化历程，最终形成价值优化的智能制造生态大系统。制造业通过在技术上实现智能生产，进而完成价值链升级。智能生产对制造业生产制造环节进行了功能升级与制造流程升级，价值创造环节从原有的生产制造环节转变为研发设计环节、采购管理环节，实现了各个环节间的价值优化升级。智能制造通过大规模定制与精益生产来实现流程升级，将生产制造环节模块化，简化制造流程，按照功能需求重组制造工序，提高制造业生产效率。制造业体系的核心逐渐向客户转移，客户可以全流程全方位地参与制造过程，有效解决了大规模制造过程中精度低的问题，同时也提高了生产制造流程的效率，通过此种方式，制造流程实现了流程升级。制造业产品设计功能升级源于个性化定制的实现，制造业在研发设计时采用客户定制专属功能模块，在不同制造模块之间配备通用接口，这样可以在生产制造环节呈现多种不同组合，从而使制造业全流程具备客户专属个性化定制的功能。依托网络制造业可以在线协同生产，这种新模式的出现升级了生产制造系统的每一个环节，智能制造云平台把产品资源、物流服务信息、客户数据、生产设备信息及供应商信息等各类信息进行有效整合，生产制造上游的研发设计、采购管理等环节的技术资源逐渐向下扩散，与生产制造环节进行融合，客户与制造流程各环节以及智能产品实现互联互通，在各个制造环节中均体现了客户需求，实现了制造业价值链上中下游各个环节的价值升级。

智能技术在新的时代特征下出现各种各样的技术前进方向，但均强调与制造业的融合，制造业技术进化对价值实现表现出了强烈的需求拉动效应，新一代信息技术对制造业的推动带动了制造业价值网络的形成[87]。信息传播的广度与深度通过互联网技术得以延伸，价值链逐渐从线性流程过渡到动态交互的价值网络，制造业在5G技术的基础上，与各种智能技术深度融合，智能制造网络结构不断强化与其他主体的互联互通，促进了价值网络的形成与优化[88]。智能制造通过智能产品完成价值链升级，制造业在融合应用新一代信息技术的基础上生产智能产品来实现产品升级。制造业利用云计算收集客户的数据信息、从研发设计到终端使用的产品生命周期数据，在分析产品数据、客户数据的基础上持续进行产品的更新换代，从而制造出功能越来越丰富、价值越来越高的智能产品，推动产品智能升级。物联网设备在制造业的普遍应用使得制造系统在生产产品时可直接与用户交互，生产制造各个环节之间的实时交互使得智能产品、用户之间实现互联互通。同时，通过物联网设备，智能产品还可以向生产设备实时反馈用户的行为数据，智能产品的互联互通特性还可以将制造流程中的研发设计、采购管理等环节联系起来，从而实现制造业价值链的链际升级[89]。

智能制造技术对制造业价值网络产生影响，推动价值链整体升级，工业云平台逐渐在制造业组织系统内应用开来，将制造模式网络化、产业化、智能化，生产制造的产品和服务变得多样化，传统的制造业企业转型为社会化的生态企业，制造业逐步迈向经济附加值更高的智能制造，价值优化的智能制造反过来又会激励制造业企业进行技术创新，从而实现制造业价值链的整体升级[90]。在新一代信息技术的影响下，消费者受到互联网经济的影响呈现出注意力稀缺的特征，制造业企业可以通过整体实施研发设计个性化、生产制造智能化、产品服务拟人化，打造云平台，与客户群、供应商、合作企业和竞争对手等其他组织之间的联系不再是价值链，而是转变成了价值网络，带动制造业整体实现价值创造。技术进化与价值实现协同演化机理具体如图2-6所示。

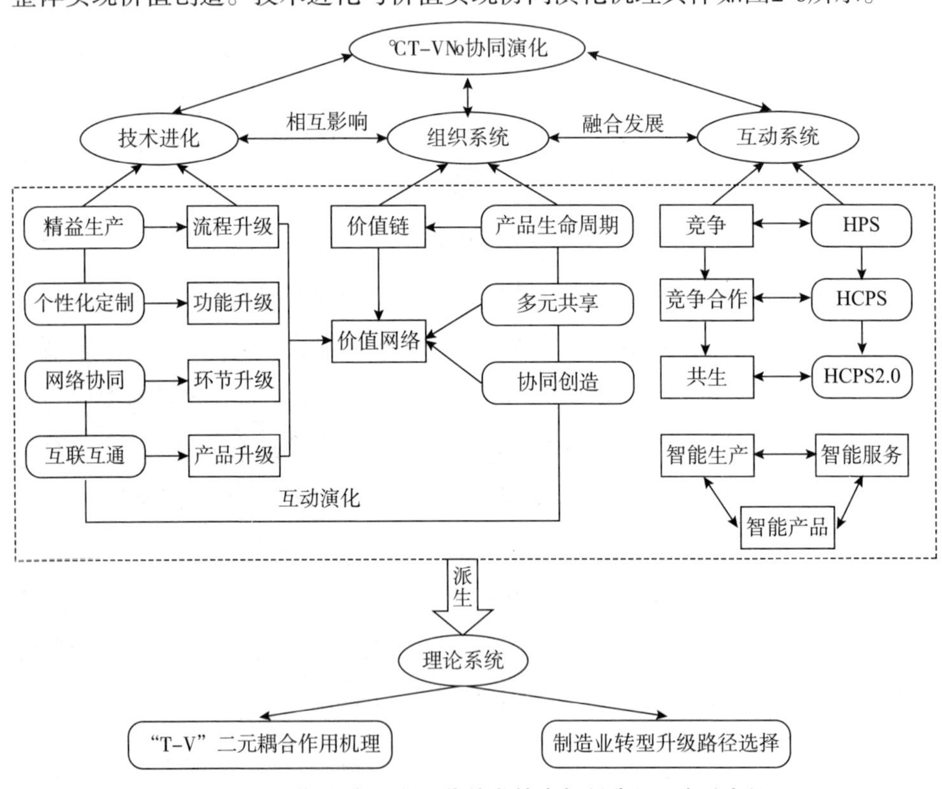

图2-6 "T-V"视角下新一代信息技术与制造业深度融合机理

2.2.3 "O-V"视角下新一代信息技术与制造业深度融合机理分析

目前，技术进化的脚步加快，制造业也不再是以前的传统面貌，生产运营高效化，组织系统日趋完善，产业融合高歌猛进，产业组织向着模块化、融合化与集成化发展，环境的不断变化对制造业所产生的影响逐渐式微。受新一代信息技术影响，制造业组织系统内各个价值模块慢慢整合，促使制造业价值网络整体吸收制造企业业务模式，组织边界逐渐模糊，行业与行业之间、行业内的合作日益紧密，战略联盟组织系统出现，制造业与其他组织之间既有竞争，又有合作，呈现复杂的关系网络，价值网络呈现模块化[91]。各个主体的强势资源集中于价值网络内，智能云平台实时调度，高效配置资源，借助每一个模块的合作与创新，开发出组织系统的网络优势，价值网络内各个组织自身能力通过共享模块化经济得以增强。制造业价值网络的整合得益于价值模块化，组织系统内各个主体相互分享能力要素与技术创新成果，提高了组织系统对于风险的应对能力与战略规划能力。制造业组织管理方式的变革将组织系统内部的障碍与限制逐一打破，组织系统内的奖励制度、管理结构和硬件设施也得到重新整合，在这期间，组织系统也逐渐转变，从高强度控制转变为高精度调控、从有界转变为无界、从冗杂转变为精简，组织系统外围组织、内部要素与其辅助性组织之间实现了数据共享，推动制造业价值网络主体关系之间的变革。

各个主体之间的合作建立在契约的基础上，这种契约有时可是虚拟化、电子化的，借助于契约合作价值网络实体化，这将会更高效地应用、共享、优化组织系统内的资源。在制造业组织系统内，制造业企业通过价值模块、横向的行业价值链，以及纵向的资源供应链来与其合作伙伴连接起来，价值网络就这样被搭建起来，制造业日常运营系统、科研创新平台与科层管理机制得到重组，使组织系统内各主体全部纳入网络一体化的智能云平台，把组织系统内产生的知识、信息以及价值进行有效集成[92]。新一代信息技术与制造业深度融合发展的网络智能组织结构模式，解决了传统组织模式工艺过程不稳定、产品质量无保障，以及预防监控不到位的问题，适应复杂的外部环境与竞争，为制造企业提供了组织管理透明化的有效途径，从而使制造业实现了整个生命周期的价值。

制造业在与价值实现辅助组织中的生产性服务机构进行交互时，有效重塑了价值网络，数据信息与物质资源充分整合，组织系统内各主体资源共享与能力互补，制造企业在价值网络中不断寻找价值增值的结合点，实现价值优化。在战略层面上，制造业组织系统与价值实现辅助组织交互过程中相互学习与接触，组织系统内知识积累水平逐渐提高，主体之间的交流学习甚至会在组织系统内产生知识的溢出，有利于组织系统获取隐性知识，制造业也得以间接增加经济价值。在运营层面上，制造业的常规业务就是把包含原材料、劳动力工时等形式各样的资源要素填进生产制造与服务这个大系统中，完成了制造业组织系统的价值实现与增值，成为制造业价值网络的直接贡献者，生产服务业与制造业的结合方式以嵌套为主，并且制造业逐渐转变为以客户为中心的服务型制造，这成为制造业组织系统价值实现的重要来源。组织系统与价值实现协同演化机理具体如图2-7所示。

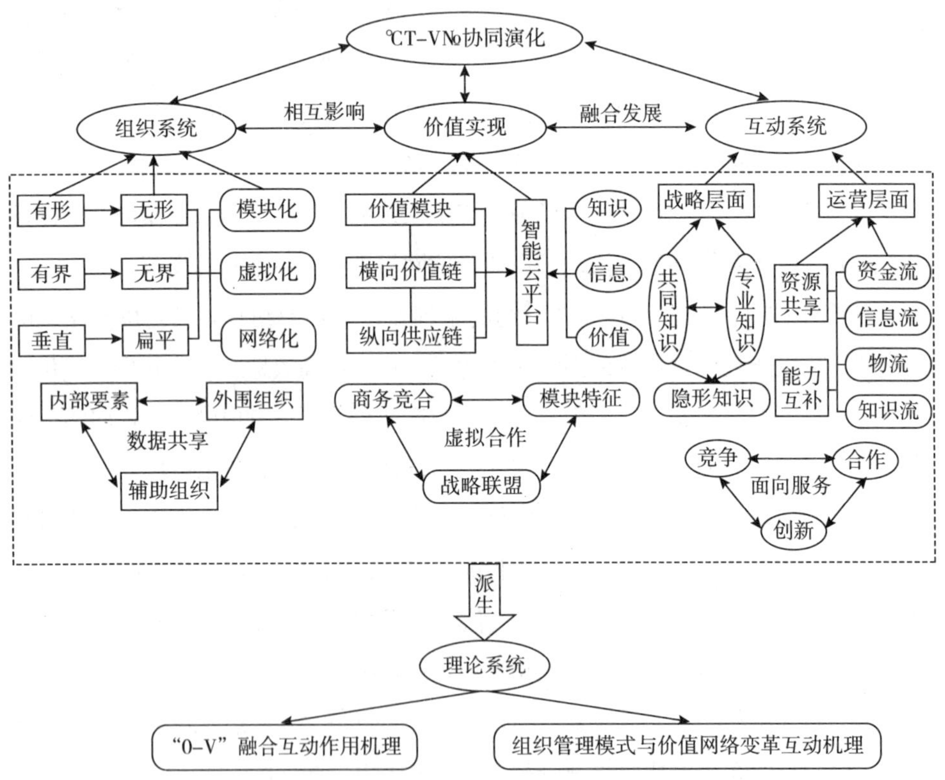

图2-7　“O-V”视角下新一代信息技术与制造业深度融合机理

2.2.4　"T-O-V"视角下新一代信息技术与制造业深度融合机理分析

新一代信息技术的透明、平等、开放等特性使得制造业组织系统内的数据与信息联动起来，转化成为制造业生产运营的巨大动力，成为制造业价值实现的重要来源，新一代信息技术将会促进制造业生产效率提升、组织管理结构升级以及在新兴制造企业创新发展中发挥重要作用，新一代信息技术会成为制造业价值实现新的增长点[93]。在新一代信息技术与制造业融合发展的过程中，从技术进化-组织系统-价值实现三维互动机理出发，可以发现组织系统管理模式出现变革，这是由于制造业融合新一代信息技术需要组织系统的更新，其是制造业技术进化与价值实现的管理机制，同时又推动了制造业价值实现保障机制的完善；技术进化是融合发展的基本前提，两者的深度融合需要技术作支撑，技术进化带动了制造业组织系统与价值网络关系的变革；制造业价值网络的革新使得融合效应渐渐扩大，价值网络革新是制造业技术进化与组织系统管理完善的新源泉。制造业价值实现驱动组织系统各个主体进行协同商务并建立包含制造企业信息门户、设计、营销、财务、人力、生产与供应链管理等在内的一体化云平台，将顾客群、分销商、供应商以及其他合作伙伴纳入组织系统智能云平台，实现业务的流畅链接和信息的实时共享[94]。

制造业组织系统的完善与价值优化为技术进化奠定了基础并促进了技术创新，制造业逐渐采用智能制造技术来进行分析、研判、构思与决策，制造系统中的智能单元进行的活动融合了智能化技术，所有这些智能活动在智能系统中运行，共同构成了智能工厂，来实现制造业高度集成化与柔性化智能制造。智能制造促进了制造业价值创造与增值，带动了制造技术的创新与完善，云制造与协同制造被越来越多的制造企业所采用。制造业融合现代信息化生产、大数据、云平台等信息技术，提高了网络化制造水平，延伸了制造业的服务范围，革新了先进生产技术，资源的使用适配于生产能力，在线协同生产制造技术逐渐虚拟化、服务化，经营管理在智能化技术的作用下变得系统化、层次化，一种具有高效率、低能耗、多产出等特点的新型制造模式——云制造出现了。云制造为制造业提供的云服务覆盖了生产流程的全生命周期，成为制造业价值实现的动力来源。协同制造通过利用互联网技术突破了时间、空间的限制，使制造业纵向资源供应链上的企业与其合作主体共同分享生产设计、产品客户及经营管理等信息。协同制造高效利用以互联网技术为特征的新一代信息技术来实现组织系统各个主体之间在研发设计、产品上市、客户管理与商务往来上的合作，通过完善制造业组织系统经营管理模式来达到制造资源充分利用、价值增值并优化的目的[95]。协同制造模式的出现改变了制造业的生产方式，制造业不再以“串行”完成任务，转而以“并行”推进工作，产品设计的个性化、生产制造的柔性化、客户需求响应的快速化均得到满足。制造业研发设计水平、生产制造流畅性以及制造成本可控性主要通过供应商参与制造、面向制造的设计、面向工艺的生产以及面向成本的制造来实现，这使得制造产品质量提升，生产制造成本降低，客户满意度提高，进而促进了制造业价值增值。

制造业技术进化带动了组织系统的完善，组织系统的各个主体慢慢完成在线同步化，设计阶段、生产阶段与服务阶段均实现协同。制造业智能系统内的智能单元通过新一代信息技术来实现与其他智能单元在信息共享背景下的协同设计、交互合作，共同完成生产任务。协同生产建立在动态协调机制的基础上，基于客户需求的变更，以上下游资源供应、产品运输、设备运营和工艺设计修改来迅速响应资源与需求的动态变化。协同服务逐渐成为制造业组织系统的一大特征，这使得服务增值的影响程度逐渐加大，产品的设计生产逐渐转变为个性化定制，服务型制造应运而生，这是一种全新的产业形态，在此形态下，制造与服务难舍难分，在客户需求多样化的当下市场，个性化产品是服务型制造的最大卖点，并且随产品的售出还会提供相应细致完善的客户服务[96]。

基于上述分析，制造业迈向智能制造的势头是不可逆转的，融合应用新一代信息技术需要考虑多方面因素，技术进化、组织系统和价值实现三个维度相互作用、协同发展，形成了交互影响的持续演化机制，促进了新一代智能制造的创新发展。制造业组织系统是智能制造快速发展的重要载体，是技术进化的研发中心与价值实现的完成主体；技术进化从根本上推动组织系统升级为包含智能单元、智能系统和系统之系统的智能化组织，加速价值网络的解构与重建；制造业价值实现是单点技术、多维技术和人机融合的前提，是智能化组织升级的重要体现。技术进化、组织系统与价值实现协同演化的机理具体如图2-8所示。

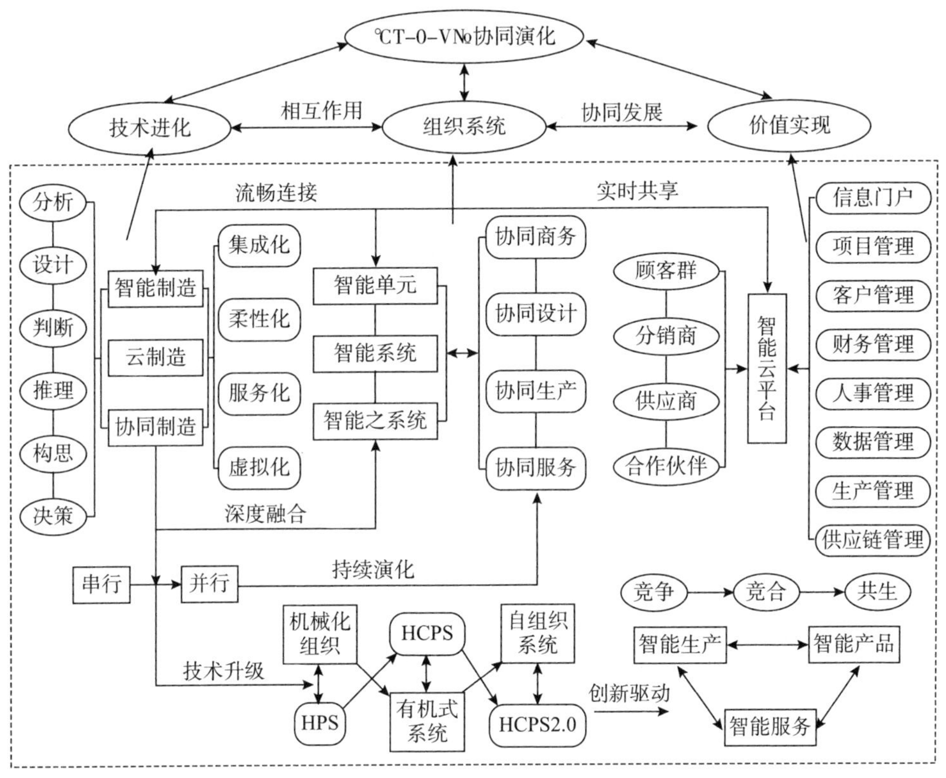

图2-8　"T-O-V"视角下新一代信息技术与制造业深度融合机理

2.3　新一代信息技术与制造业深度融合的系统构建

2.3.1　新一代信息技术与制造业深度融合系统的参与主体

根据多元视角下新一代信息技术与制造业深度融合的机理分析，若干主体参与到了二者的深度融合过程中，并且借助于新一代信息技术相互联系、共同作用，共同形成的生态系统。

第一，制造业企业。制造业企业占据着新一代信息技术与制造业深度融合的核心地位，不但是互动融合的推动者，更是互动融合的实行者，也是互动融合的受益者。制造业企业利用信息技术实现与上中下游企业及其他主体之间实现信息互通、资源共享、优势互补，从而构建出相互协同、相互合作的业务合作关系网络，实现各个相关主体价值增值，也使得整个制造业向着智能化生产、多元化合作、共创化价值的良好生态发展。

第二，政府。政府部门是新一代信息技术与制造业深度融合的支持性要素中最为重要的部分。首先，政府制定的相关产业政策直接影响制造业的发展水平，决定着新一代信息技术与制造业主体要素的发展；其次，政府通过给予制造企业资金支持、人才支撑和信息共享等服务，加大对新一代信息技术与制造业融合的引导力度；最后，政府通过搭建二者融合所需的政治、经济、社会和技术环境，帮助制造企业更好地应用新一代信息技术[97]。

第三，顾客及供应商。制造业的顾客具有特殊性，产品不都是以最终消费者为目标用户的，也包括下游的相关制造业企业。相关企业所需的制造业产品需要满足其自身生产要求，故个性化定制和生产的概率和要求较高。面对于此，制造业企业需要快速、敏捷地把握好下游企业客户的需求特征，甚至是提前预测好未来可能的需求变化。对于制造业企业而言，充分利用新一代信息技术全面收集下游相关企业的需求信息，打通内部全流程环节进行个性化产品的柔性化生产，并采用顾客偏好的方式开展产品营销，无疑是提升其运营效率的有效途径。这样的过程反复进行，从而不断提升新一代信息技术与制造业的深度融合。

第四，高校和科研院所。高校和科研院所作为新一代信息技术与制造业深度融合的知识支持主体，主要为制造业企业提供技术应用融合过程中所需的知识和技术资源。一般而言，制造业企业与高校、科研院所之间会采用产学研相结合的模式[98]，通过合作研发、技术转让、委托研究及共建科研基地等方式[97]，不断优化和更新产品性能，并将自身应用新一代信息技术研发生产出的产品应用到实践中，实现持续性的产品迭代和创新，从而为制造业融合应用新一代信息技术提供更多的技术和智力支持。

第五，中介服务机构。中介服务机构是促进新一代信息技术与制造业深度融合的服务主体，主要向制造企业提供其在应用信息技术过程中所需的资金支持、信息咨询等服务[99]。例如，针对制造业企业在采用新一代信息技术研发和生产新产品的过程中，存在着研发资金或生产资金不足的现象，造成科技成果无法实现产出和面市，就可以向金融中介服务机构寻求帮助，拓宽自身融资渠道，有效地降低中小型制造业企业成长初期的融资风险[97]。因此，在多种类型中介服务机构的支持下，新一代信息技术和制造业的融合可以更多、更快地实现。

2.3.2 新一代信息技术与制造业深度融合系统的互动模式

立足于我国制造业的发展现状，在新一代信息技术与制造业深度融合的过程中，各参与主体之间的互动合作主要采用多技术协同模式、模块化组织模式和多主体共创模式。

第一，多技术协同模式。在我国新一代信息技术与制造业融合的生态系统中，集聚了不同类型、不同所有权性质的制造业企业，这些企业因自身业务类型和资源禀赋的差异掌握着不同的优势技术。借助于HCPS2.0，信息系统从代替部分脑力劳动转变为代替大量脑力劳动，人类结合已有知识，对其进行加工整理和处理分析，产生出新的知识和技术，制造业企业通过并购、合资和自建网络等方式整合利用整个生态系统的技术和知识，从而降低新一代信息技术与制造业深度融合系统分工的复杂性，将各参与主体的知识进行互动连接，消除“信息孤岛”的现象的存在[100]，形成多主体之间的技术互补和协同[101]。

第二，模块化组织模式。在当前我国智能技术供需不平衡的环境下，“以市场换技术”、引进消化吸收再创新等各种方式已经不符合我国智能制造的需求，促使我国的智能制造创新由内向外发展，由链式向网络式模块化发展[102]。这意味着，突出组织中共有的、互补的竞争力，并给予各分部单位真实的战略选择权的组织形式[103]。各参与主体可以透过网络组织连接产业的上中下游，以形成可快速定制化的制造生态体系，在下游端让用户参与产品设计研发、智能制造的创新过程，在上游端则汇集多家企业提供制造创新资源，如此，形成一个环环相扣的智能制造创新生态系统。

第三，多主体共创模式。受到我国管理制度的影响，新一代信息技术与制造业深度融合的生态系统制度设计由从双边关系向多边关系转化。制造业企业、地方政府、顾客及供应商、高校及科研院所及中介服务机构等多元参与主体，共同构建出资金、人才、设备向整个生态系统流动的通道，从而使得制造业企业既能够享受到政府提供的政策支持，也能享受到高校和科研院所提供的知识支持，以及中介服务机构提供的服务支持。在这样的环境下，制造业企业可以更好地对所处生态系统中的信息进行搜集、吸收和利用，并进一步形成更大范围的资源共享系统。基于此，新一代信息技术与制造业融合的创新生态系统的核心制造业企业可以采用“组建双元创新单元→强化创新单元智能联结→实现创新单元的协同共生”的多主体共创模式[104]。

综合而言，多技术协同模式是新一代信息技术与制造业深度融合系统形成的基本前提；模块化组织模式是新一代信息技术与制造业深度融合系统多元所有制互补的创新协同、智能技术与市场融合路径形成的重要保障[98]；多主体共创模式是新一代信息技术与制造业深度融合系统从双边关系到多边关系转变、从双元创新单元向多元协同共生的重要需求。

2.3.3 新一代信息技术与制造业深度融合的生态系统架构

新一代信息技术与制造业深度融合是融合目标、参与主体及互动模式的有机组合，新一代信息技术与制造业深度融合的生态系统架构主要包括三个方面。第一，新一代信息技术与制造业深度融合的目标对指引深度融合发展方向具有战略性的作用，新一代信息技术与制造业深度总目标就是制造业生产方式从数字化、网络化到智能化，制造业企业形态向扁平化、平台化、自组织、无边界转变，制造业企业与各相关主体实现价值共创。第二，新一代信息技术与制造业深度融合的参与主体包括制造业企业、政府、顾客及供应商、高校及科研院所以及中介服务机构等，新一代信息技术与制造业深度融合中各主体相互作用、彼此影响，共同影响二者融合。第三，新一代信息技术与制造业深度融合的互动模式有多技术协同模式、模块化组织模式和多主体共创模式，最终推动我国新一代信息技术与制造业深度融合的生态系统的形成。

基于此，构建出新一代信息技术与制造业深度融合的生态系统架构，如图2-9所示。

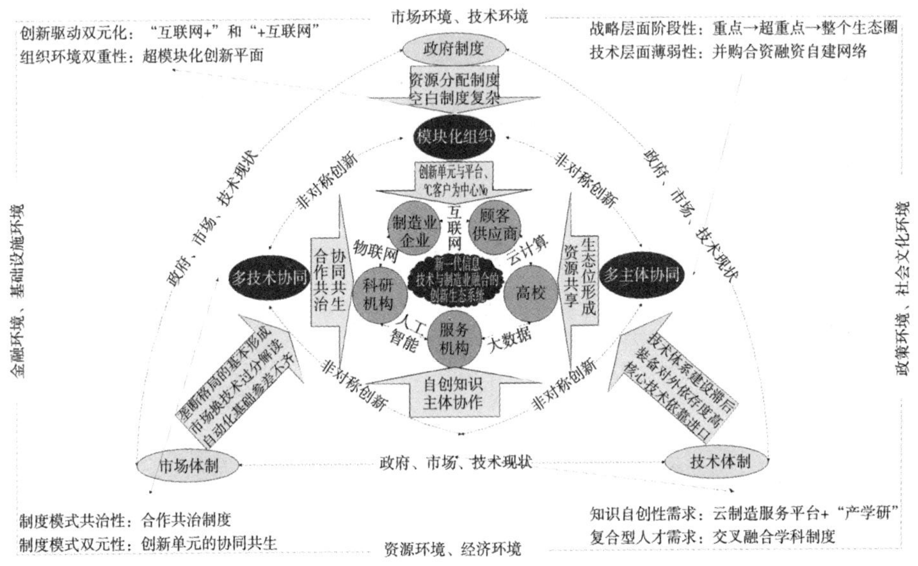

图2-9　新一代信息技术与制造业深度融合的生态系统架构

2.4　本章小结

本章主要对新一代信息技术与制造业深度融合的内涵及机理进行系统分析，研究内容包括三个小节。第一小节在整体上对新一代信息技术与制造业深度融合内涵进行分析的基础上，进一步从技术进化、组织系统和价值实现视角对其进行学理解析，整体上是指制造业利用新一代信息技术作为支撑基础，数字资源成为核心生产要素，制造业生产方式从数字化、网络化到智能化，相应的企业形态向扁平化、平台化、自组织、无边界转变的过程。第二小节基于内涵分析，从"技术进化-组织系统""技术进化-价值实现""组织系统-价值实现”和“技术进化-组织系统-价值实现”视角对新一代信息技术与制造业深度融合的机理进行分析。第三小节对新一代信息技术与制造业深度融合系统的参与主体、互动模式进行分析，其中参与主体包括制造业企业、政府、顾客及供应商、高校和科研院所，以及中介服务机构，互动模式包括技术协同模式、模块化组织模式和多主体共创模式，进而构建出新一代信息技术与制造业深度融合系统架构。

第3章　新一代信息技术与制造业深度融合的动态演化规律研究

第2章重点探讨了新一代信息技术与制造业伴随技术升级创新、组织系统管理创新与价值实现机制创新的深度融合的内在机理，揭示出制造业创新发展过程正在被新一代信息技术不断重塑，数字技术与产业融合引致创新变革，平台化生态系统促使多元化创新主体共同促进价值增值。本章将基于技术创新生命周期理论、新制度经济学和演化经济学等相关理论，结合多主体系统理论方法，通过分析新一代信息技术与制造业深度融合的动态过程，分析主要技术发展阶段、组织系统和价值创造的演进规律，研判融合演化阶段动态特征，为后续提出更具长效机制的战略思路、动态路径及对策建议提供理论依据。

3.1　新一代信息技术与制造业深度融合的动态演化方向

伴随新一代信息技术与实体经济互动融合渗透的不断加深，全球产业发展格局发生重要变化，世界各国更加关注新一代信息技术与制造业深度融合的发展方向和态势，主要发达国家和地区纷纷出台相应的政策引领相关产业发展，以期望在新的全球产业竞争中占据优势。新一代信息技术和制造业融合发展顺应新一轮科技革命和产业变革趋势，正在加快制造业生产方式和企业形态的根本性变革。

现有国内外对新一代信息技术与制造业融合的演化过程的研究呈现出多

层面跃迁的特征，新一代信息技术与制造业的融合从技术维度向业务层面、战略层面逐步演化，从组织维度由企业主体向产业及生态系统扩展，从产业空间向区域及社会维度延伸。德国工业4.0以信息物理系统作为核心，通过信息技术层面的通信处理功能等方面的突破，将业务层面的实体元素（机器设备、零部件、物料、文件和人等）进行数字转化，再通过网络连接将数据链打通，将所有要实现的功能横向集成形成功能平台，以促进制造业大中小企业分层次实现转型升级。在中国情境下，新一代信息技术与制造业融合过程从技术层面的融合转向产业层面、战略层面的融合路径，在深度融合的过程中呈现出技术业务融合、产业组织融合和价值共创融合的演进态势。

3.1.1 技术业务融合向数字化、网络化、智能化发展

新一代信息技术，包括5G、大数据、云计算人工智能创新向制造业加速融合渗透，进一步促进制造业转型升级，通过产业内部的战略、研发、制造、服务与管理的融合，在源头上强调了信息技术在产业发展中的作用，数据作为新的生产要素，将为企业的生产、组织和运营带来新的价值创造。目前我国新一代信息技术与制造业的融合发展正在日益加深，无论是融合的深度还是融合的广度都在日益拓展，深度融合能级正在不断提升。

新一代信息技术与制造业的融合，从本质上讲就是智能制造在制造业的具体呈现。智能制造基于新一代信息技术，涵盖了生产活动的全部方面，包括设计、生产、管理和服务等，具有信息深度自感知、智慧优化自决策及精准控制自执行等功能的先进制造过程、系统与模式的总称。智能制造是通过集成先进的生产技术、自动化技术和人工智能技术，在整个生产价值链中实现智能和创新，其发展的目标是数字化、网络化及智能化。网络化制造将生产数据与数字化流程相联系，以彼此共享信息。智能化是朝着实现决策优化和生产系统的自我调节迈出的更进一步，更深层次地提高了制造创新能力。新一代信息技术与钢铁、汽车、装备、电子和石化等制造业行业领域的融合创新、交叉创新不断深化，推动制造业数字化、网络化、智能化发展的进程。

如图3-1所示，截至2021年底，中国制造业增加值占GDP比重达到27.4%，同比提高1.1个百分点，呈现出近10年来制造业比重连续下降后的首次回升，2021年年度中国制造业增加值313 797亿元人民币，多数行业两位数增长，金属制品业、电气机械和器材制造业、计算机通信和其他电子设备制造业两年平均增速均达两位数，在全球供应链产业链饱受冲击背景下，中国制造一枝独秀，世界工厂地位更加稳固，显示了制造业对维持经济稳定的韧性支撑。制造业是高新技术战略的重要部分，其潜在发展空间极大。由于我国制造业发展时间短，相较于发达国家我国制造业的技术研发创新能力还有较大差距，这使得我国代表性制造业与新一代信息技术的融合发展表现出不同的竞争状态。

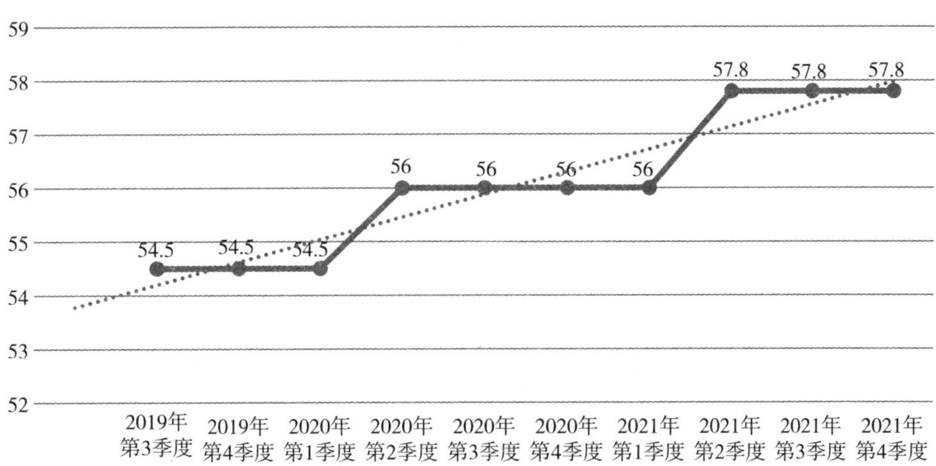

图3-1　2019年第3季度—2021年第4季度全国制造业与互联网两化融合趋势

数据来源：两化融合公共服务平台。

1. 数字基础设施建设日益优化，跨界融合促进制造业数字化转型

近年来，以新一代信息技术为主要驱动的第四次工业革命进一步加快，实体经济各领域面临全面深刻的数字化转型。其中，5G等新型网络技术以其高可靠、低时延通信和大连接等特性，带来无处不在的高性能感知、通信与先进算力；以人工智能为代表的建模分析技术通过对数据中隐含知识的深度挖掘，突破传统的以科学理论、实验仿真及经验为主的工业问题解决方式，形成

数据驱动决策新范式。新一代信息技术的深度应用与跨界融合成为制造业数字化转型的重要动力。

工信部数据显示目前我国5G基站建设已超155万个，位居全球第一。5G终端连接数在全球占比超过80%，已建成全球最大规模的光纤和移动通信网络。其中，共建共享的5G基站超过80万个，5G网络已覆盖全部地级市、超过98%的县城城区和80%的乡镇镇区，网络覆盖广度和深度不断提升。5G手机的全年出货量也达到2.66亿部，同比增长63.5%，呈现出稳步增长的态势。“5G+工业互联网”在建项目全国已经超过2 000多个[105]。

我国工业互联网总体布局已处于全球领先梯队，数字基础设施持续建设升级，标识解析体系基本建成，注册总量突破千亿。现有超过150家具备区域和行业影响力的工业互联网平台。截至2021年底，已培育较大规模工业互联网平台服务的工业企业超过了160万家，规模以上工业企业关键工序数控化率已经达到了55.3%，数字化研发工具的普及率达到了74.7%。伴随数字化转型程度的进一步加深，数字化新业态、新模式层出不穷，开展网络化协同和服务型制造的企业比例稳步上升，分别达到了38.8%和29.6%。近三年全国制造业与信息技术融合的关键指标如生产设备数字化率、数字化研发设计工具普及率、关键工序数控化率、应用电子商务比例均有所提升，截至2021年年底，制造业重点领域关键工序数控化率达70.9%，数字化研发设计工具普及率达到74.7%，比2012年分别提高46.3个和25.9个百分点[106]。具体统计数据见表3-1。

表3-1　近三年全国制造业与新一代信息技术融合数字化演进趋势

时间	生产设备数字化率/%	数字化研发设计工具普及率/%	关键工序数控化率/%	应用电子商务比例/%
2019年第3季度	47.4	69.7	49.7	61.2
2019年第4季度	48.3	70.2	50.1	61.9
2020年第1季度	48.5	70.8	50.5	62.5
2020年第2季度	48.7	71.5	51.1	63
2020年第3季度	49.9	73	52.1	63.9

续表

时间	生产设备数字化率/%	数字化研发设计工具普及率/%	关键工序数控化率/%	应用电子商务比例/%
2020年第4季度	49.9	73	52.1	63.9
2021年第1季度	50.3	73.3	52.7	64.4
2021年第2季度	50.8	73.7	53.7	64.8
2021年第3季度	51.3	74.2	54.6	65.2
2021年第4季度	51.5	74.7	55.3	65.6

数据来源：两化融合公共服务平台。

2. 技术产业基础日益坚实，互联互通推动制造业网络化协同

技术创新对于制造业转型升级的引领作用不言而喻，在新一代信息技术与制造业深度融合的过程中，提高信息技术的创新能级对于制造业企业价值创造的驱动是重中之重。为了获得收益，制造企业借助新一代信息技术生产难以模仿的产品，即具有高附加值和高技术的产品。一方面，增强新一代信息技术投入强度能够使制造业在产品生产创新上取得优势，制造其他制造企业难以复制的产品，从而占据市场份额，兼顾消费者需求与高收益回报。另一方面，制造企业要获取高收益就要借助新一代信息技术提升企业技术创造力，实现技术领先。研发投入可以推动新技术和新产品的出现，增强企业的竞争力和技术附加值。基于技术创新与产出，增加研发投入能够帮助企业获得较强竞争力。截至2021年，规模以上电子信息制造业实现营业收入达到14.12万亿元，是2012年的两倍。软件业务收入更是达到了9.499万亿元，是2012年同期的3.8倍，该数字充分表明了相关产业快速发展的趋势。伴随着工业互联网示范区、智能制造产业园、“双跨”工业互联网平台等布局加快，5G全连接工厂、数字化车间等蓬勃发展，企业上云等随着两化融合向纵深推进[107]。新一代信息技术的引领下，制造业跨行业、跨领域的互联互通不断取得新进展，实现网络化协同的企业占比、开展服务型制造企业占比、开展个性化定制的企业占比、智能制造就绪率和工业云平台应用比率不断提升，具体见表3-2。

表3-2　2019—2021年全国制造业与新一代信息技术融合网络化演进趋势

时间	实现网络化协同的企业占比/%	开展服务型制造的企业占比/%	开展个性化定制的企业占比/%	智能制造就绪率/%	工业云平台应用率/%
2019年第3季度	35.5	25.6	8.3	7.9	44.8
2019年第4季度	36.2	26.2	8.8	8.1	45.9
2020年第1季度	36.4	26.6	8.9	8.5	46
2020年第2季度	36.5	26.8	9.1	8.6	46.6
2020年第3季度	37.9	27.9	9.8	9.7	48.6
2020年第4季度	37.9	27.9	9.8	9.7	48.6
2021年第1季度	38.1	28.2	9.8	10.3	48.8
2021年第2季度	38.4	28.6	10	10.5	49.4
2021年第3季度	38.6	29.1	10.1	11.1	49.9
2021年第4季度	38.8	29.7	10.3	11.3	50.4

3. 智能化发展趋势强劲，智能制造效率不断提升

在制造业发展的传统阶段，信息技术的运用局限于单个设备，缺乏跨设备、跨流程步骤的全程监督与管理。同时，由于生产过程中依赖于人工操作和联络，形成了过多重复和冗余的工作。而随着新一代信息技术水平的不断提升与渗透，制造业整体的技术含量已经出现明显改善。自动化的设备使得制造业能够实现柔性生产，而制造业的智能化发展将不可避免地促进其细分行业的强劲成长，并使上下游产业链之间的联系更加紧密，从而加快经济的飞速发展。基于对海量工业数据的采集、分析、治理及共享，促使生产决策从以人为本的“人智”决策，不断发展为机器深度参与的“辅智、混智”，并随着新一代信息技术渗透，进一步向“数智”演进，不断促进资源优化配置效率提高，如表3-3所示。

表3-3　新一代信息技术与制造业融合智能化演进趋势

<table>
<tr><th>模式</th><th>定义</th><th colspan="2">感知</th><th>分析</th><th>决策</th><th colspan="2">执行</th></tr>
<tr><td rowspan="2">人智</td><td rowspan="2">将工艺、经验、机理模型数字化，主要决策依靠自然人</td><td colspan="2">通过传感器、RFID等方式采集数据</td><td colspan="2">通过上下限、坏值提出等方式进行数据筛选，并转换成有逻辑的信息展示，人基于经验和机器状态进行决策</td><td colspan="2">人操作机器、软件等执行</td></tr>
<tr><td>机器</td><td>人</td><td>数据</td><td>人</td><td>机器</td><td>人</td></tr>
<tr><td rowspan="2">辅智</td><td rowspan="2">基于数字模型分析辅助人决策</td><td colspan="2">面向已知问题的数据采集</td><td colspan="2">建立知识库、专家系统等，机器基于已有的知识进行决策处理，通过数据分析模型等对未知问题进行识别，提示人进行处理</td><td colspan="2">已知问题机器自动执行，未知问题人操作及机器控制</td></tr>
<tr><td>机器</td><td>人</td><td>数据</td><td>人</td><td>机器</td><td>人</td></tr>
<tr><td rowspan="2">混智</td><td rowspan="2">构建机理模型、数据分析模型及模型关系，机器给出决策</td><td colspan="2">以需求位导向的数据采集</td><td colspan="2">建立机理模型、数据分析模型以及模型间关系，个体模型在信息空间写作，已知问题基于知识库决策处理，未知问题基于模型给出建议，人机协同</td><td colspan="2">已知问题机器自动执行，未知问题机器驱动人执行</td></tr>
<tr><td>机器</td><td>人</td><td>数据</td><td>人</td><td>机器</td><td>人</td></tr>
<tr><td rowspan="2">数智</td><td rowspan="2">构建高级模型分析，进行多对象多目标分析，机器自主处理</td><td colspan="2">基于业务需求，自主调节数据采集的数量、频率、内容</td><td colspan="2">建立高级模型分析，模型间通过特征关联、协同推演等方式进行多对象多目标分析，已知问题机器基于知识库决策处理，未知问题机器可根据物理空间的变化自主处理</td><td colspan="2">已知问题机器自动执行，未知问题机器自动控制</td></tr>
<tr><td colspan="2">机器</td><td>数据</td><td>人</td><td>机器</td><td>人</td></tr>
</table>

资料来源：根据电子标准院CESI研究从“人智驱动”向“数智驱动”转变整理。

截至2021年12月，全国20000多家企业通过平台开展智能制造能力成熟度自诊断，江苏、山东、北京、宁夏、陕西和江西等省级行政区的工业和信息化主管部门高度重视，有效推动标准应用。本节对自诊断数据进行分析，以期反映现阶段我国智能制造的发展情况。从区域参与度来看，江苏、山东、宁夏、北京、广东等地区积极参与，其中江苏省有4 654家参加自诊断、山东省有2 753多企业参与，宁夏回族自治区有1 108家企业参与，北京市、广东省、湖南省自诊断企业数量超过500家，安徽省、福建省、江西省自诊断企业数量超过 300家。根据智能制造评估评价公共服务平台数据显示，目前我国69%的制造企业处于一级及以下水平，达到二级、三级的制造企业分别占比为15%、7%，四级及以上制造企业占比达9%。多数企业仍处于智能化转型初期，龙头企业智能化成效显著，带动行业整体水平稳步提升。整体来看，2021年全国制造业智能制造能力成熟度较2020年有所提升，一级及以下的低成熟度企业占比减少6个百分点，三级及以上的高成熟度企业数量增加了5个百分点[107]。制造业智能化的发展趋势主要包括以下几个方面。

生产过程智能化。信息资源成为企业活动的主要价值源泉，使得企业价值链中的研发、生产、服务与管理等各单一环节间的联系越来越密切，这使制造企业能够围绕关键价值链进行重组。新一代信息技术的引入完全透明地将整个生产过程数字化，对研发、生产设备、生产技术、制造车间、物流和市场渠道管理等环节进行完全控制。随着市场需求的日新月异，个性化定制、云制造等全新制造模式正在重组消费者市场、制造企业以及企业内部的关系。这会推动曾经以加工制造为价值链核心环节的制造业依靠与新一代信息技术的融合转变战略模式，并升级其内部的系统管理模式[108]。

研发智能化。制造产业的一切生产活动都依赖于技术及产品的研发。在研发全新的医疗技术、医疗设备和药品的过程中，需要各种技术、资金和人力资源来实现智能战略定制的科学性；为了缩短产品研发周期，必须进一步进行多渠道仿真以减少时间与资金成本；需要进行标准化管理，以保证制造研发的标准化和智能化；同时也需要满足大规模制造和个人定制；为了实现整个研发数据共享过程并共享资源和技术，有必要建立一个信息共享平台。

制造智能化。借助传感器、处理器、内存、通信模块及传输系统等智能嵌入式设备，保证制造具有动态存储、识别与通信功能，可用于信息控制、预警和自我修复，从而更新现有产品，提升产品竞争力。通过新一代信息技术专利和产品研发，加快制造智能化水平。在制造环节中加入更多智能化装备，形成智能车间和智能工厂，提高产品附加价值。在制药过程中，车间可以通过传感器和RFID自动收集数据，以实时报告生产状态；可以使用机器视觉和多个传感器来检测药物的质量，自动剔除非目标产品，分析收集到的质量数据，并了解原因；可以确保灵活生产，并且可以在生产线上进行智能调整。基于信息管理平台的支撑实现新一代信息技术与制造企业工厂的逐步融合，通过建立智慧工厂，对生产过程中的信息进行智能自动收集和存储，并实现自动化、智能化生产[109]。

服务智能化。服务智能化是新一代信息技术与制造业融合发展的重要一环。新一代信息技术作为服务的技术支持，建设智能化服务系统，采集产品运营的大数据，有助于进行市场营销方向决策；同时可对销售药剂产品进行预防性维修维护，及时更新客户的需求、进一步改进产品，向具有多样需求的客户提供目标服务，进而锁定用户，发展服务营销。线上与线下的协同配合连接了设备和设备、服务和服务、人和服务，以及人和设备等。

管理智能化。管理智能化的前提是确保基本数据的准确性和关键信息系统的紧密集成。制造企业的运营管理系统包括人力资产管理系统（HCM）、客户关系管理系统（CRM）、企业资产管理系统（EAM）、能源管理系统（EMS）、供应商关系管理系统（SRM）和业务流程管理系统（BPM）等。一方面，对各个业务部门和业务系统创造的业务数据进行多维分析和预测。另一方面，将业务数据与预期目标进行对比，分析计划实施进展与未来发展。随着垂直集成、水平集成和端到端集成的不断深入，企业数据的收集与分析变得更加及时和准确，管理活动也更加准确和高效。

3.1.2　组织系统融合向平台化、生态化、区域化演进

新一代信息技术与制造业的融合推动创新范式与组织生态向平台化、生态化、区域化演进。在新一代信息技术的支持下，数字化平台的构建成为制造业内部的系统、设备、环节互相融合的助推剂。因此，我国制造业的主要变化趋势为对原材料依赖程度降低，增加对市场需求的依赖程度，提升对人力资源专业程度的要求。在产业扩张、技术成长和市场需求等诸多因素的影响下，我国制造业的区域分布呈现出多样化趋势，且在一定程度上呈现出相对集中的状态。

1. 平台化组织方式变革，引领资源动态优化配置

新一代信息技术正在推动制造业研发创新、生产制造和资源组织等全面变革，催生了一系列新模式新业态。工业互联网平台体系架构的支撑使得制造业企业探索新模式有了更多的可能。工业互联网平台促进了新一代信息技术渗透融合进生产环节、组织环节，促使智能化生产、网络化协同效率提升，使得个性化定制与服务化拓展等新模式更易于实现。通过新一代信息技术对现有制造业业务的数智优化，网络化平台组织模式得以创新重构，推动制造业企业的生产模式、组织结构和创新模式等相应调整。传统的“层级式”组织架构很难适应快节奏的市场变化以及客户对于生产全流程参与的需求；数字化时代，信息的传递更需要“广播式”，每个人都可以成为信息发布的节点，构建新型组织方式，为员工提供开放共享、沟通协作的平台，减少信息壁垒，实现降本增效。平台化资源组织方式，实现订单、产能、设计和金融等产业链资源的网络化集聚和动态优化配置。如通过平台打通需求和产能，实现制造资源的集聚共享，成为带动产业集群尤其是中小企业转型升级的重要路径。新一代信息技术正在推动制造业研发创新、生产制造和资源组织等全面变革，催生了一系列新模式新业态。网络化组织与数据驱动极大地加速创新周期、减少创新成本甚至突破研发工程师现有认知边界，如将AI应用于新药研发，成本降低1 000倍、效率提升10倍以上；通过全面感知和智能分析大幅提升生产效率，打造满足大规模个性化定制的精准、自主、柔性生产能力，如围绕重点设备、质量、能耗等高价值生产环节；基于大数据分析，最大化挖掘能够进一步压缩成本的空间，催生新服务模式和价值空间，产品的智能化和数据驱动的新型服务和业态逐渐兴起，如打通客户、产品服务与业态，构建形成平台经济。

2. 供应链产业链韧性不断增强，融合创新生态系统逐步构建

利用数字化手段重塑制造业企业的业务模式、技术范式、组织方式和文化意识，降低企业研发设计、生产制造、经营管理和运维服务等过程中的不确定性，提升企业竞争力。增强供应链产业链的弹性和韧性，抵御断链、移链等风险，保障可持续发展，通过建设数字化基础设施，提供全面的数字化配套服务，打造数字化集群，构建数字化网络生态，承接高频并发创新落地，发展

新模式新业态。通过建设数字化基础设施，提供全面的数字化配套服务，打造数字化集群，构建数字化网络生态，承接高频并发创新落地，发展新模式新业态，融合创新生态系统组织模式逐步从三螺旋、四螺旋、五螺旋协同演进。

新一代信息技术与制造业的融合在初期呈现出三螺旋的融合创新生态系统形态，主要组织创新源于制造业企业与政府、高校及科研院所等的协同创新，其核心在于通过外部性协同创新这一组织模式达到融合研发目标，实现以创新制造产品为核心的价值创造活动。这一时期，产业组织创新系统的核心创造主体是制造业企业，应用新一代信息技术为创新注入活力，协同高校科研院所创新人才，获得政府财政、政策等支持。

伴随新一代信息技术的日新月异，新一代信息技术与制造业的融合创新生态系统主要强调的是“生态系统化跨组织创新”，制造业发展融合信息通信技术的普及与快速发展，更加强调多元创新主体的政产学研用共生共享，其创新主体是以企业、政府机构、高校科研院所与用户共同组成的联合创新体，在这一阶段，客户为核心的价值导向更加适合促进组织创新，将客户需求作为目标引入这一阶段的组织创新系统演进发展中更加有利于新一代信息技术与制造业融合创新发展。

新一代信息技术与制造业融合组织创新生态系统在五螺旋发展的阶段主要加入了对于产业创新环境要素的协同创新，围绕智能制造发展的绿色创新目标进行组织结构与产业发展方式的新一轮探索，促使融合创新生态系统向智慧绿色、可持续发展。

3. 政府主导产新一代信息技术与制造业融合，区域化产业集聚态势显现

价值链的区域化趋势更加明显。全球已经形成了“三足鼎立”格局：亚洲以中国为中心，美洲以美国为中心，欧洲以德国为中心。21世纪以来，一个突出的变化是中国在全球价值链分工的地位显著提升，并且取代了日本而成为亚洲价值链的枢纽，也取代了美国而成为全球最大的贸易国。截至2018年，有130个国家与中国的贸易额大于其与美国的贸易额，其中有三分之二的国家与中国的贸易额是其与美国的两倍。随着地区性贸易关系的加强，未来的趋势是，价值链的区域化还会进一步推进。“十三五”期间，我国有序推进重点区

域、重点行业实施智能化转型升级，从整体情况看，2021 年全国重点行业智能制造能力成熟度水平较 2020 年均有所提高。本书选取《智能制造发展指数报告（2020）》中重点行业数据以及2021年重点行业数据进行对比分析。结果显示通用设备制造业、电气机械和器材制造业、电子制造业以及专用设备制造业智能制造能力成熟度水平提高显著，一级及以下企业数量占比较2020年降低7～9个百分点；纺织业、铁路船舶轨道交通业（37-铁路、船舶、航空航天和其他运输设备制造业）一级及以下企业数量占比较2020年降低2～3个百分点；汽车制造业一级及以下企业数量占比较2020年降低1.41个百分点；金属制品业一级及以下企业数量占比较2020年降低1.41个百分点，整体提速较为缓慢。

将全国分为东部、中部和西部三个区域，可以看出我国三个地区的数字技术应用情况略有差异。在东部地区完全没有应用数字技术的企业占24.32%，中部地区完全没有使用数字技术的企业占22.86%，西部地区完全没有使用数字技术的占22.41%。东部地区使用率排前三位的数字技术是电子商务、大数据和人工智能，分别占比47.75%、39.64%和27.93%。中部地区使用最多的数字技术分别是大数据、电子商务和人工智能，所占比例为48.57%、31.42%和28.57%，没有制造业企业使用5G技术。西部地区占比最大的是大数据，为53.46%，超过了一半的水平，其次是电子商务（29.31%）、人工智能（22.41%）。由此可见，各地区使用最多的前三位数字技术与总体情况一致，只是排名有所差异。

制造业企业使用最多的数字技术是大数据和电子商务。使用大数据的制造业企业占比44.88，使用电子商务的企业第二多，占所有制造业企业的42.45%。也有一部分制造业企业使用了人工智能、物联网和云计算等数字技术，分别占比26.43%、21.46%和18.05%。甚至有的制造业企业根本没有使用数字技术，大约占到所有制造业企业的23.41%。其他数字技术有一定的使用，但使用范围较小，如5G只有8.29%的制造业企业使用，区块链只有6.34%的制造业企业使用，3D 打印只有6.34%的制造业企业使用，量子技术只有1.46%的制造业企业使用。制造业企业数字技术应用情况如表3-4所示。

表3-4　制造业企业数字技术应用　　情况单位：%

类型		大数据	云计算	5G	人工智能	物联网	区块链	3D打印	量子技术	电子商务	无技术
总体		44.88	18.05	8.29	26.34	21.46	6.34	3.41	1.46	42.45	23.41
不同地区	东部	39.64	18.92	7.21	27.93	20.72	6.31	4.50	0.90	47.75	24.32
	中部	48.57	17.14	0.00	28.57	25.71	5.71	2.86	2.86	31.42	22.86
	西部	53.45	17.24	15.52	22.41	20.69	6.9	3.45	1.72	29.31	22.41

3.1.3　价值创造融合向协同共创、价值重构演进

新技术经济范式代替旧技术经济范式的本质是价值创造与实现方式的改变，新一代信息技术与制造业融合互动的价值创新体现在两方面，一方面使生产更加高效、精准化，增加产品的附加值；另一方面增加用户的体验，满足用户的个性化追求。新一代信息技术与制造业融合的价值创造活动不同于传统的技术经济范式，更加注重用户参与价值创造的过程与合作模式，注重多元创新主体的互动融合，通过不同环节多元利益相关主体的协同创新，共同进行价值创造活动，具体表现为企业与用户等主体在产品或服务的构想、设计及营销传播环节的共同参与，通过各方主体之间的资源整合来共同创造价值，以及参与主体协同共生创造价值构建生态优势。通过将信息技术与制造业相结合而创造的新产品、新业务形式和新模式，形成一个完整的内部和外部循环产业体系，在循环中实现企业经济价值增值。制造业将技术运用于产业研发、制造的过程，以实际产出的制品为表现载体，借由产品在市场中的营销实现技术向生产力转变的目的，由此达成预期的制造产业的经济与社会价值。

深化信息技术与制造业的融合能提升制造业企业自身的硬实力和免疫力，降低成本，提高资源利用率，提升制造业企业发展水平。伴随俄乌冲突、新冠疫情全球性反复等“黑天鹅”事件的突发，全球处于不确定性显著增强的新阶段，充分把握新一代信息技术与制造业融合发展趋势和机遇，才能促进我国制造业迈向全球价值链中高端。通过深化新一代信息技术在制造领域的融合应用，推动制造业沿着数字化、网络化、智能化方向演进升级，促使多个创新

单元发挥各自的功能，通过主体之间的互动+创新联结+知识转化的过程，实现新一代信息技术与制造业融合的创新生态系统的正常运转，并经过渐进式创新、突破式创新，推动整个新一代信息技术与制造业融合的创新生态系统的协同升级，使各主体之间实现合作共生。

制造产出是新一代信息技术与制造业融合效益的主要呈现形式，不同的价值产出活动将新一代信息技术的创造性思维转化为高附加值的实体，占领智能化产品市场。这并非简单的组合，而是创造性的融合，是对制造业深度研究后的再造过程。在融合发展的过程中，通过技术与产业的协同与整合，实现对各种技术、系统的开发及高技术含量产品的生产销售，由此带动技术与产业互动，通过技术与产业融合和产业链的扩展与延伸，智能控制生产成本，实现盈利模式的创新。更进一步来说，新型技术与产品的推出对于企业提升企业社会地位、建立智能化品牌具有重大意义。因此，新一代信息技术与制造业融合的价值创造过程就是完善原有价值链的结构和重构、创造全新的产业价值链。新一代信息技术的融合与渗透使得制造业价值创造要素数字化、智能化升级，促使全产业链数字化转型进程加速，使得全价值链升级，促进新一代信息技术与制造业产业间跨领域互联互通深化，从而为融合创新产业提供新的发展动能。

3.2　新一代信息技术与制造业深度融合的演化阶段研判

美国、欧洲和中国研究者作为新一代信息技术与制造业深度融合领域的主要研究力量，分别关注各区域不同的阶段性推进过程。美国采取“新一代信息技术＋制造业”阶段性推进过程，依托本土产业网络空间先发优势，先推进工业互联网战略，再“自上而下”地重塑制造业。德国则采用“制造业＋新一代信息技术”阶段性推进过程，依据德国《工业4.0参考架构模型报告》，先以制造业中小企业的基础改造为切入点，将工业4.0的要素拆分为多个组件和模块，从生产系统、单机、工作站和机器组件等功能模块的局部优化开始，再阶段性、层级性地推进到行业领先企业和产业链。中国则采用“两化融合”同步推进的做法：一方面，自上而下地推进工业互联网、大数据等新一代信息技术基础设施和技术创新共享平台建设，不断突破传统制造业的技术瓶颈，加速传统制造业的升级换代；另一方面，“工业化”过程中自下而上地推进从中小企业功能模块到产业链生产系统的新一代信息技术的应用，通过购买高新技术设备、引进人才及技术等途径来推动传统制造业转型。已有研究表明产业融合的过程是不同产业间或者产业内不同行业间要素渗透、技术交叉、组织融合和人员流动等不同层级的渗透融合，在动态发展的过程中促进原有产业转型升级或分化衍生新的产业类别。

第一，新一代信息技术与制造业深度融合的演化过程是创新要素逐步渗透、生产要素逐步融合的动态过程。在新一代信息技术与制造业尚未融合前，传统的制造业生产要素主要用于本产业领域生产活动，新一代信息技术产业生产要素也主要应用于核心产业领域的生产环节。而伴随着两方面的不断互动融合，新一代信息技术逐步进入制造业的生产环节，两大产业的生产要素交叉融合互相进入相关产业领域，协同发挥作用；那些原本服务于制造业的生产要素成了服务于新一代信息技术延伸环节的生产要素，同时，新一代信息技术要素本身促进了这种产业间的无缝链接。

第二，新一代信息技术与制造业融合的动态演化过程是价值链不断升级的过程。新一代信息技术与制造业产业链从原有的链式结构逐渐分解成价值网络，通过新一代信息技术整合连接了两大产业相关价值链条，并在数字技术和平台组织创新的支撑下形成新的产业价值链，新一代信息技术与制造业产业融合的过程就是产业分工不断细化、产业链条不断交叉、价值链不断延长创新的过程。新的价值链整合相关制造业与信息产业的核心价值活动，对利益相关者与创新主体的多元价值活动进行重构整合，是价值链和整个制造业产业结构的升级。

通过新一代信息技术帮助制造业企业优化相关生产流程，使得生产环节、工艺流程控制、生产质量和效率显著提升，整合数字创新要素提升相关产品附加值，促进产品向数字、高端、智能、绿色化方向提升，通过信息网络平台组织研发创新与营销推广，以系统化的解决方案优化业务流程，整合数据、创新、资源、环境要素，促进产业链延伸拓展，依托大数据、云计算和人工智能等新一代信息技术探索制造业新业态新模式创新，使得制造业产业实现从生产流程、产品服务和组织模式等方向全面转型，获得新一代信息技术驱动的价值增值。

第三，新一代信息技术与制造业融合的动态演化过程是产业环节相互竞争再到协作共创的过程。资源制造业与新一代信息技术融合的过程中向效率更高的一方流动，最终效率高的一方将取代效率低的一方，制造业的部分环节和新一代信息技术的部分环节相互取代的过程也是产业走向协同的过程。

本书综合各主要国家和地区的发展实践与已有研究文献梳理，基于我国新一代信息技术与制造业融合的发展历程，结合技术演化理论、产业生命周期理论的经典，将融合的动态演化分为初步探索期、快速发展期、深化成熟期三个阶段，见图3-3。

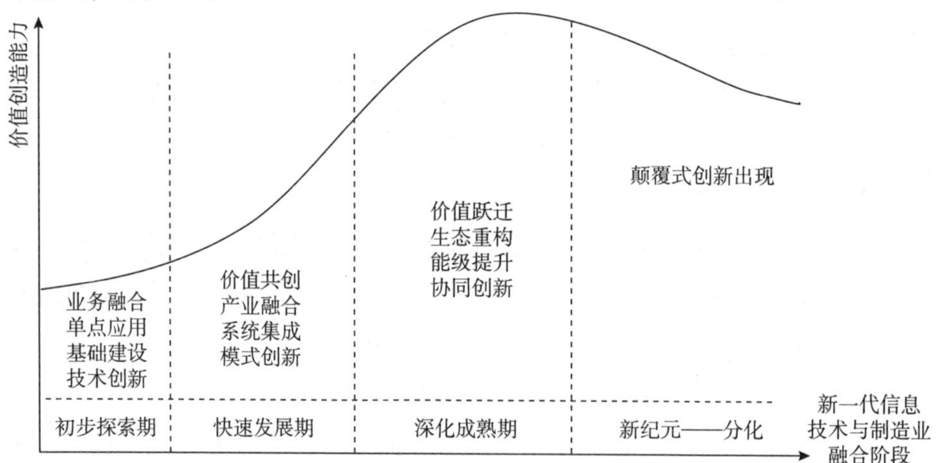

图3-2　新一代信息技术与制造业融合的动态演化阶段研判

3.2.1　新一代信息技术与制造业深度融合的初步探索期

21世纪初，随着互联网和数字技术的发展，我国诞生了众多互联网和创新企业，信息化范围逐步扩大直至覆盖全国，形成了信息网络。2001年我国加入世界贸易组织WTO，制造业迅猛发展，国家推动制造业与信息化实现融合，促进制造业的发展。2002年党的十六大首次提出“以信息化带动工业化，以工业化促进信息化”的新兴工业战略指导思想，党的十七大正式将信息化列入“五化”，提出“大力推进信息化与工业化融合”（“两化融合”）的概念。伴随新一代信息技术的迅猛发展，制造业与新兴信息技术的融合发展开始萌芽。全球科技革命的迅猛发展为制造业新一轮竞争格局变革提供了无限可能，主要发达国家和地区为争取竞争优势聚焦于数字化驱动制造业转型。深入推进新一代信息技术和制造业深度融合是我国把握制造业全球价值链重构与国际分工格局大调整的历史机遇，促使我国制造业做出迈向价值链中高端、重塑竞争新优势的历史抉择。

自2007年党的十七大首次提出“两化融合”之后，2008年4月，工业和信息化部成立。2013年起开展的两化融合管理体系贯标，2015年起启动的《中国制造2025》战略行动纲领、智能制造工程，2017年起实施的工业互联网创新发展战略不断推进数字化意识导入、数字化技术升级乃至数字化业务重塑，长期实践表明，两化融合是新型工业化发展规律和中国国情相结合的重要战略选择，党的十九大进一步提出的“加快建设制造强国，加快发展先进制造业，推动互联网、大数据、人工智能和实体经济深度融合”，实际上是由“两化融合”向开展新一代信息技术与制造业深度融合的探索。在这一发展阶段，通过信息技术与工业技术及企业业务的融合，对制造业传统生产、经营、管理、服务等活动和过程进行数字化改造，实现原有工作方式和模式在特定业务领域或环节的局部优化，逐步为后续快速发展奠定基础。2020年中央全面深化改革委员会第十四次会议审议通过了《关于深化新一代信息技术与制造业融合发展的指导意见》，强调了要进一步加快推进新一代信息技术和制造业融合发展，以此顺应科技发展与产业创新态势，通过加快新一代信息技术与制造业的融合促进其生产方式的根本变革，在这一意见指导下，我国的制造业与信息技术深度融合的发展进程进入了新阶段。截至2021年12月，全国20 000多家企业通过服务平台开展智能制造能力成熟度自诊断，通过对自诊断数据进行分析，以期反映现阶段我国智能制造的发展情况。根据智能制造评估评价公共服务平台数据显示，目前我国69%的制造企业处于一级及以下水平，达到二级、三级的制造企业分别占比15%、7%，四级及以上制造企业占比达9%。多数企业仍处于智能转型初期，龙头企业智能化成效显著，带动行业整体水平稳步提升。

3.2.2 新一代信息技术与制造业深度融合的快速发展期

伴随新冠疫情等系列“黑天鹅”事件的冲击，全球制造业正经历深刻变革，这一背景下我国制造业面临重重压力。当前，面对新冠肺炎疫情防控的常态化，转型升级需求更为迫切。从国家层面，《关于深化制造业与互联网融合发展的指导意见》《关于深化“互联网+先进制造业”发展工业互联网的指导意见》和《关于深化新一代信息技术与制造业融合发展的指导意见》等系列文件出台，新一代信息技术与制造业融合发展的战略部署愈加全面深化。新一代信息技术应用正在全面铺开，国家层面战略导向引领，创新主体层面多元跨界主体共同推动，新一代信息技术与制造业深度融合的新模式新业态不断涌现。工业互联网集成5G、人工智能、大数据和物联网等新技术在我国制造业已覆盖绝大多数行业，形成全球最丰富的应用场景和应用实践，特别是在新一代信息技术组合应用方面已经取得了可喜进展。目前，新一代信息技术与制造业的深度融合进入了技术创新不断突破、各类要素相互渗透、创新扩散应用不断加强的快速发展新阶段，有助于引领我国制造业产业转型升级，从而逐步实现数字经济引领发展的新旧动能转化。新一代信息技术创新带动了创新要素系统性变革，创新组织模式、价值创造机制重构，跨组织的创新活动促进了新技术、产品、业态的突破性创新，拓展制造业产业边界，融合发展覆盖制造业的各个环节，产品设计、物资供应、能源供应和核心价值创造环节如研发创新、生产制造、营销推广及用户服务等都在发生巨变，产业革命的星星之火已成燎原之势，数据已经成为企业的重要资产，智能生产、网络协同、主动服务及个性定制等新模式日趋成熟，企业的竞争也已经从成本、质量的竞争升维到效率、服务的竞争。然而，从工业体系数字化转型的要求看，工业互联网的应用推广深度广度不够，5G、人工智能等技术的集成应用实践大多以点状探索和增量式创新为主，应用的深度不足，可规模化复制推广的场景相对较少，还需要进一步解决技术或商业的一些瓶颈方能达到深度融合。

3.2.3　新一代信息技术与制造业深度融合的深化成熟期

新一代信息技术与制造业在要素层面、产业层面和价值创造层面等不同层级的跨界深度融合，促进制造业数字化、网络化、智能化转型进入深化成熟期。《智能制造规划》提出，到2025 年，规模以上制造业企业大部分实现数字化网络化，重点行业骨干企业初步应用智能化；到2035 年，规模以上制造业企业全面普及数字化网络化，重点行业骨干企业基本实现智能化。新一代人工智能技术的融入使得产品和装备产生了革命性的变化，智能产品和智能装备在深化成熟期发展前景广阔。智能生产线、智能车间和智能工厂新一代人工智能技术与先进制造技术的融合使生产线、车间和工厂发生革命性的大变革，企业将会向新一代智能工厂进军。新一代人工智能技术的应用催生了产业模式的革命性变革，产业模式从以前的以产品为中心走向以用户为中心的根本性的转变，深刻地完成供给侧结构性变革，进一步优化创新融合生态。

表3-3　不同阶段制造业企业数字技术应用情况与行业分布　　单位：%

类型		大数据	云计算	5G	人工智能	物联网	区块链	3D打印	量子技术	电子商务	无技术
不同阶段	初步探索期	20.51	17.95	12.82	20.51	23.09	2.56	7.69	0.00	41.03	28.21
	快速发展期	51.61	19.35	8.06	22.58	12.09	6.45	3.23	4.84	30.65	25.81
	深化成熟期	55.26	16.39	6.56	32.79	26.23	9.84	1.64	0.00	40.98	22.95
行业类型	劳动密集	26.09	13.04	4.35	14.49	10.14	8.72	4.37	2.90	39.13	30.43
	资本密集	48.28	37.93	6.90	31.03	24.14	6.95	0.00	0.00	37.93	24.14
	技术密集	63.75	16.21	10.00	35.22	21.25	3.78	3.24	1.28	38.75	16.255

资料来源：融合指数研究。

3.3　新一代信息技术与制造业深度融合的阶段特征分析

在不同的发展阶段，新一代信息技术与制造业的深度融合呈现不同的特征。伴随技术创新演进融合、组织系统边界扩展与跨组织合作创新，价值创造模式呈现出创新生态系统融合互动的特征和规律。

3.3.1 初步探索期主要特征

1. 技术融合特征：单点应用与数字化改造

新一代信息技术与制造业融合的过程也是包括技术生产要素在内相互渗透的过程。新一代技术的创新和突破导致制造业生产方式发生革命性变化，进一步引发产业变革，不断催生新模式新业态。新一代信息技术的典型代表如人工智能、大数据和区块链等，于制造业在技术创新的深度融合交叉日益增加，制造业产业变革带来生产要素的变迁，数据要素开始成为驱动产业增长的关键生产要素。新一代信息技术以信息化和计算能力大幅度提升为基础，通过与制造业融合提升创新能力与运营效率。通过信息技术的渗透，企业可以便捷地、低成本地获得上下游反馈的信息，从而优化供应链管理，推动大规模定制。

新一代信息技术与制造业深度融合的初始探索期，其典型技术创新特征体现为数字技术的创新常以单点应用的方式与制造业生产过程率先融合，关键在于通过数字化工具和设备投入，快速解决制造业企业生产经营的实际问题。新一代信息技术具有强大的渗透性，数据生产要素整合两大产业的创新资源，促进其要素层面、产业链和价值链的融合。近年来，一批数字化生产线、数字化车间和数字化工厂建立起来，制造业企业纷纷转型，开始通过数字化和网络化手段优化企业的资源配置和运营效率。然而，不可否认的是大多数中小企业的做法仍然停留在数字化改造阶段，亟待进一步系统性推进。

2. 组织创新特征：业务融合与组织平台化发展

新一代信息技术与制造业的融合逐步改变产业组织结构和治理结构，新一代信息技术促进要素资源配置、生产制造流程、交易处理机制和决策管理模式的变化，正在重构组织模式和运营机制。在初始探索期时期，新一代信息技术与制造业的组织融合创新主要体现在组织平台化过程中，在单一职能范围内初步开展了信息技术应用，但尚未有效发挥信息技术对主营业务的支持作用。初步开展新一代信息技术应用，或初步开展基于新一代信息技术的解决方案策划与实施，尚未完全实现基于数字化的业务创新。伴随信息技术与制造系统的互动融合，企业内部组织创新系统的结构和模式逐步发生变化，通过新一代信息技术与制造业相关技术及产业链核心模块企业业务的融合，对制造业产业链条上的传统生产、经营、管理及服务等活动和过程进行数字化改造，实现原有工作方式和模式在特定业务领域或生产运营环节的局部优化。

通过新一代信息技术的单点或局部应用减少相应环节中的体力脑力劳动，进一步提高生产运营效率，具体见图3-3。

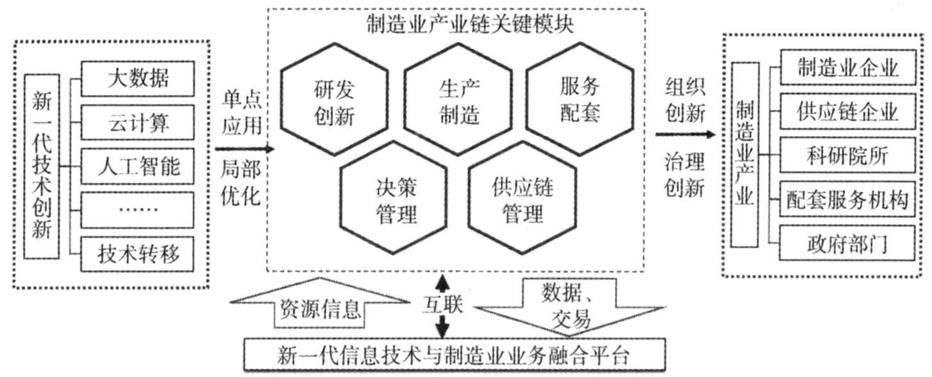

图3-3　初始探索期新一代信息技术与制造业业务融合创新系统

初始探索期，新一代信息技术与制造业业务融合创新系统由不同的新一代技术通过单点应用、局部优化等方式渗透制造业的不同产业环节，通过技术创新驱动研发创新能力提高，优化生产制造环节，提高配套服务水平，为决策管理提供技术支持，提升供应链管理效率等，实现融合产业组织系统的数字化创新，在组织系统平台化的过程中，通过要素资源、信息资源等的汇聚交互，连通数据信息与交易信息，反馈给相关产业组织业务部门，促进产业组织系统利益相关者的价值创造与实现。

3. 价值创造特征：数字赋能产业价值网络

新一代信息技术革新了制造业价值创造的方式，数字要素为融合产业组织改变价值创造方式提供了基础。数据赋能企业价值创造的路径最早可以追溯到1982年12月，美国教育家哈蓝·克利夫兰引用艾略特的诗句，在其出版的《未来主义者》一书提出了信息即资源（information as a resource）的主张。管理思想家罗素·艾可夫进一步将该理论发扬光大，于1989年撰写了《从数据到智慧》（*From Data to Wisdom*，*Human Systems Management*），其中提出了DIKW模型，这一模型重点指明了数据要素参与价值创造的实现路径，揭示了数据成为生产要素的本质原因是在价值创造中发挥了作用。依托数据信息进行筛选、加工和处理，将其与其他生产要素与资料相结合，融入制造业企业的价值创造环节，通过数字赋能产业价值链，促进其产业效益全面实现。新一代信息技术与制造业的融合过程中通过成立专门的部门进行数据分析，以帮助制造企业快速提升要素配置效率与生产运营效率，基于数据重构价值主张，增强制造业创新网络的连接效应，增强网络效应，促使产业价值链中更多的利益相关者参与企业一起进行价值共创，进一步为用户创造价值，从而将这些价值内化为企业的利润，促进制造业企业价值创造能力提升。

3.3.2 快速发展期特征研判

1. 技术演进：系统集成与数字平台支撑

伴随新一代信息技术创新驱动、国家战略导向引领、政策支持推动、市场需求拉动，技术演进进程加速，在与制造业融合的过程中，单点应用促进局部优化取得一定成效的基础上，通过进一步借助数字化手段将过去局限于某个设备、系统或业务环节的数据进行系统性集成管理，综合运用新一代数字技术对制造业产业发展进行赋能渗透，通过系统集成从而实现要素环境、组织模式和产业生态等全面的数字化转型支持，促进要素数字化、组织平台化，引领制造业产业生产方式、产业组织结构及商业模式业态等全方位重构，形成新的价值创造、价值获取和价值实现模式。系统集成与数字平台支撑成为快速发展期中新一代信息技术演进与制造业融合的特征。通过数字创新平台的建设，汇聚信息流带动技术流、资金流、人才流和物资流，以平台实现企业全链条业务的优化和协同共享。新一代信息技术包括管理和处理信息不同种类创新技术，制造业企业自身的生产方式将会加快向数字化、网络化、智能化变革，从而改变制造业产业生态系统的组织与价值创造机制，使之向资源共享、协作创新、价值共创的网络化、生态化创造机制转变，作为创新网络核心节点的制造业创新企业链接更多资源，能够显著提升其创新效率与收益，依托数字技术进行智能决策可以更好地协调整体利益、优化资源配置，从而推动融合产业的提质增效。

2. 组织系统：产业融合与平台生态系统建设

伴随5G、人工智能等新一代信息技术与制造体系的深度集成融合，在快速发展期的新一代信息技术与制造业融合更注重信息技术的聚合应用，依托新一代信息技术的智能化数字化集成系统，面向制造业全产业周期，进行相关产业技术创新、产品创新的研发活动，通过虚拟仿真、数字孪生等数字化技术，提升生产制造技术创新水平，进行技术改造升级与工艺流程优化，推动颠覆性创新。通过新一代数字技术提升制造业企业的组织创新管理能级，充分针对相应的数字化、智能化管理需求，优化制造业组织创新系统，引导处于单元级数字化阶段的组织在主要或若干主营业务模块内采纳新一代信息技术，提升相关业务模块的运行规范性和效率。数字化内容纳入了部门级年度计划和绩效考核，运用新一代信息技术手段支持单一职能范围内新型能力的建设、运行和优化，所形成的新型能力主要在相关单项业务中使用，应用新一代信息技术手段和工具，开展相关单项业务优化和职能职责调整，主要或关键单项业务实现数字化，形成新一代信息技术手段和工具支持下的制造业业务运行模式，在业务线范围内，通过流程级数字化和传感网级网络化，以流程为驱动，实现主营业务关键业务流程及关键业务与设备设施、软硬件和行为活动等要素间的集成优化，组织关键业务均实现数字化的基础上，沿着纵向管控、价值链和产品生命周期等维度，主要或关键业务线实现了业务集成融合。在这个快速发展阶段，人工智能技术进一步渗透制造业，提高制造业产业系统智能化水平，促进生产要素数字化智能化程度提升，生产方式更为智能化，提升相关自主学习和决策功能，从而提高资源配置与价值创造效率，随着网络规模的扩大、企业研发投入的增加、数字化人才的培养，数字化进入快速增长期，数字化水平呈现指数增长趋势。智能软件的出现和新冠疫情的发生，带来了新经济和新业态，互联网行业和平台不断涌现和增加，使得产业更加多元化，促进产业生态圈形成，网络效应增强，大量交易主体跨越空间而集聚，使竞争加剧，从而加快优胜劣汰，其中高效率企业能获得更多商业资源和机会，获得的激励也更为显著，协同效应增强，能够实现更广范围、更高层次的分工合作，促进资源优化配置效率提升，实现产业生态系统融合互动，多元主体间互利共生、协同演化，从而形成多主体协同创新系统生态，促进整体生态的优化良性运行。与此同时，相关产业集群跨越产业边界与空间，实现不同利益相关者之间的深度融合、实时交互、价值共创，重构价值创新方式，促进更加开放、共享的融合产业生态圈形成。

处于网络级数字化阶段的组织，在全组织（企业）范围内，通过组织（企业）级数字化和产业互联网级网络化，推动组织（企业）内全要素、全过程互联互通和动态优化，实现以数据为驱动的业务模式创新，制定了以数字组织（企业）为核心内容的发展战略，在发展战略中明确将数据作为关键战略资源和驱动要素，加速推进业务创新转型和数字业务培育。构建数字组织（企业）成为组织年度计划的核心内容，并建立覆盖全员的绩效考核体系，实现新型能力的模块化、数字化和网络化，能够在全组织（企业）范围内进行按需共享和应用，建设数字组织（企业）的系统集成架构，业务基础资源和能力实现平台化部署，支持按需调用，OT网络与IT网络实现协议互通和网络互联，基于组织内全要素、全过程数据在线自动采集、交换和集成共享，建设和应用组织（企业）级数字孪生体模型，在生态组织范围内，通过生态级数字化和泛在物联网级网络化，实现与多元化创新合作伙伴间的资源要素、业务模块和平台系统等的开放共享和协同共创，具体如图3-3所示。

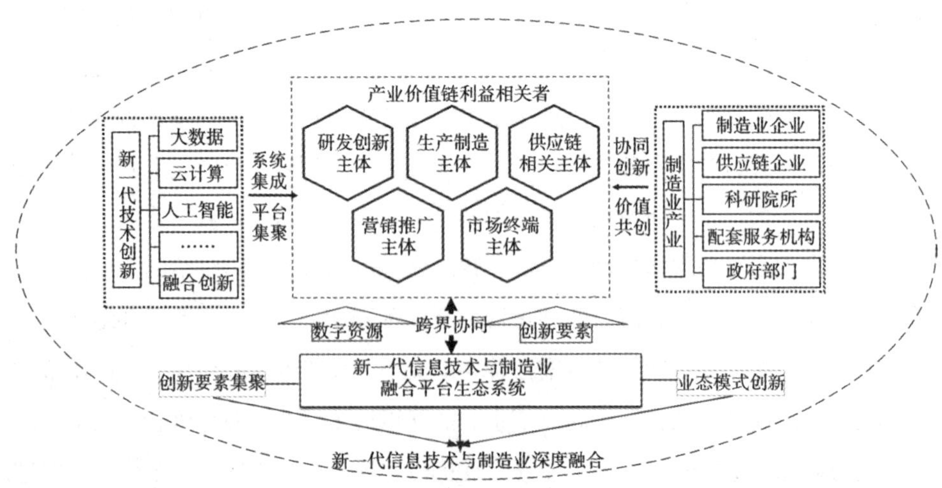

图3-3　发展期的新一代信息技术与制造业产业融合创新系统

3. 价值创造：平台赋能产业生态系统

新一代人工智能的应用促使制造业发展步入快速发展阶段，全球制造业有望进入一个颠覆性革命的新时期。新一代智能制造技术的突破和广泛应用重塑制造业的技术体系、生产模式、发展要素及价值创造机制。快速发展期，新一代信息技术与制造业的深度融合从数字化向网络化转型，工业互联网平台通过数字化资源要素泛在互联、软件系统集成供给，平台组织模式高效支持等能够实现跨组织、跨产业、跨空间地配置相关要素资源，提供数字化转型的系统解决方案，支撑融合产业向高质量发展。要充分认识工业互联网的发展规律，更加坚持问题导向和目标导向的协同，围绕工业5G、工业人工智能、数字孪生、边缘计算等变革性技术与工业场景、工业装备、工业自动化系统和工业软件的深度融合，发挥市场优势和新型举国体制优势，加强产学研用协同和基础理论研究，共同开展新技术研发、试验验证和产业化突破，通过新一代信息技术的深度应用带动工业软件、工业控制系统和智能装备等传统短板的协同创新发展。推动产业生态系统融合是两化深度融合的方向，这一阶段主要通过跨企业的业务协作和发展模式创新，对原有生产、经营、管理及服务方式和模式进行全方位、颠覆式变革，实现产业级、生态级融合。

3.3.3　深化成熟期特征研判

1. 技术创新：虚实融合与跨界创新

新一代信息技术的发展趋势向技术聚合方向演进，在与制造业融合的深度成熟期，以XR、数字孪生为代表的新型信息通信技术将产生与实体工业经济深度融合的新型制造业产业生态。通过XR、AI、loT、云计算和数字孪生等技术，打通人、机、物、系统等领域的无缝连接，实现数字技术与制造业跨界创新，促进实体经济高质量发展。工业元宇宙恰恰体现了新一代信息技术与先进制造技术的深度融合的创新模式与产业生态，通过赋能制造业各环节、场景，使制造业企业达到降低成本、提高生产效率的目的，实现智能制造的进一步升级，因此，工业元宇宙可能代表了新一代信息技术与制造业深度融合成熟期的发展方向。工业元宇宙即元宇宙相关技术在制造业领域的应用，将现实制造业产业生态中的研发设计、生产制造、营销销售和售后服务等环节和场景在虚拟空间实现全面部署，通过打通虚拟空间和现实空间，实现制造业的改进和优化，通过跨界创新、虚实融合，形成全新的制造业生态系统，达到降低成本、提高生产效率及高效协同的效果，促进制造业高质量发展[110]。

在深化成熟期，新一代信息技术与制造业深度融合的应用场景将覆盖从研发到售后服务的产品全生命周期，脱虚向实，真正渗透工业流程的优化和生产效率提升过程，从研发创新、设计开发、生产优化、运营管理及市场推广等全产业链环节入手，通过联动虚拟空间与现实空间，以数字孪生映射、拓展实体制造业相关业务模块，以虚拟仿真技术手段模拟制造业高效运转的核心模块，赋能相关价值创造环节和研发设计生产等环节创新，指导实体制造业效率提升，促进线上线下高效协同，提高模拟与实践转化效能，促进制造业高水平发展。

2022年微软已宣布川崎重工成为其“工业元宇宙”业务的新客户，计划让车间工人佩戴微软HoloLens头戴设备来辅助生产、维修和供应链管理。除了微软进军“工业元宇宙”外，另一个科技巨头英伟达也瞄向了“工业元宇宙”，基于Omniverse平台、AI以及计算等技术，英伟达可以实现构建工业元宇宙的成果[111]。

尤为重要的是，借助新一代信息技术可以推动实现实体制造业尚未实现的体验和交互活动，高效进行模拟仿真，以促进“由虚向实”到“虚实协同”的转变。目前，制造业在数字孪生上的应用越来越广泛，例如在港口场景中，通过动态数据实时驱动，在数字孪生全要素场景下，已有能够覆盖从货物到港、装卸、转堆、仓储及出港的全周期作业仿真，新一代信息技术的支撑促使跨界创新形式更加丰富，不断推动制造业的虚实融合，跨界共创。

2. 组织系统：跨界融合与创新生态系统重构

在新一代信息技术与制造业深度融合的深化成熟期，由于组织间合作涉及跨行业的多个主体，影响因素较多，且不同层次间的关联影响也是客观存在的，使得其跨界合作的情境、过程和内容相对而言更为复杂，由于新一代信息技术的颠覆式创新，使得组织间边界重新定义，存在动态调整，使得组织创新所导致的企业规模和范围的扩大，伴随不同层级组织间互动频率、融合效率及交互活动等的变化，组织间子系统的关联形态也会相应调整[107]。与此同时，跨界融合组织的协同创新集聚不同类型、不同属性生产要素与环境要素，以更低的风险和成本完成价值创造。

基于此，新一代信息技术与制造业深度融合的深化成熟期，伴随多元组织边界的延伸与跨界融合渗透，多层次交互融合子系统模块互相嵌入形成特有的嵌入式结构特征，通过跨界协同实现价值创造，突破组织边界进行业务活动交互，集聚跨组织的要素资源、竞争优势和技术能力等形成深度融合的业务单元和子系统，通过在连接方式、社会资本和治理模式等方面的良好衔接和优化配置，推动跨组织多元创新主体形成具有一致价值主张的利益共同体，从而实现跨界价值共创，在战略管理、组织行为和创新活动中获得价值实现的最大化[112]。

由数字孪生、工业互联网和人工智能等新一代信息技术所构建起的数字化制造体系，使得多元跨界创新主体链接起来，并通过竞争与协作促进产业创新生态系统向数字创新生态系统演化。在创新生态系统向数字创新生态系统演化重构的过程中，系统内要素的竞争与协同推动数字创新生态系统自组织演化，由无序向有序发展，形成新的均衡稳定结构，不断适应新环境，融合数字创新要素，促进跨组织的价值链接生成，突破原有的创新逻辑，使得新一代信息技术与制造业融合的边界限制与约束进一步突破，促进组织间关联交互机制重构，虚实融合，面向线上线下用户共同进行价值创造，突破虚实融合组织间隔阂和壁垒，真正地实现跨组织边界的价值共创，通过对信息流、技术流和资金流等的有效衔接，促进创新链、价值链、产业链和资金链等融合循环，以驱动数字创新生态系统不同组织间的合作有序开展。新一代信息技术与制造业组织创新系统的跨界融合重塑组织间的合作模式，通过数字创新系统的数字要素、交互链接与价值主张促进不同产业、不同业务模块及不同创新主体进行价值创造与价值分配，通过跨界价值共创与收益共享引领新的创新组织机制，创造更多的价值增值，在新一代信息系统与制造业深度融合的深化成熟期，通过新一代信息技术如物联网、元宇宙及数字孪生等多种技术聚合，促进虚实融合、跨界创新、协同进行价值共创共享，组织包括市场环境与技术环境在内的创新基础系统，政府及相关中介机构在内的创新支持系统，创新企业、高校科研院所等在内的核心创新系统，应用与市场终端在内的创新应用系统进行协同共创，实现深度融合的数字创新生态系统重构。具体如图3-4所示。

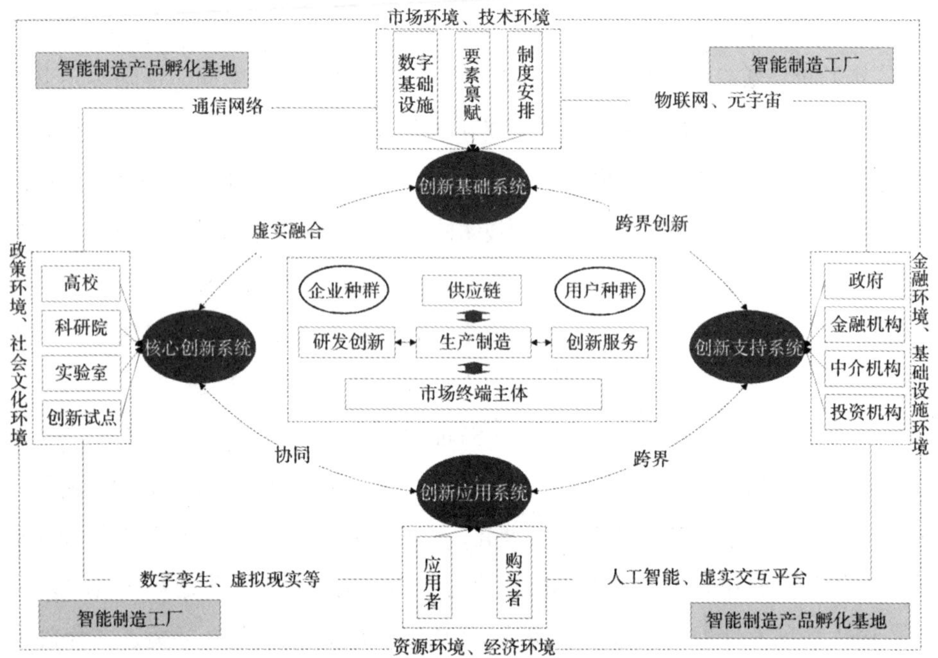

图3-4　成熟期的新一代信息技术与制造业产业融合创新系统

3. 价值创造：跨界赋能数字生态系统

组织间合作是价值创造的核心，在新一代信息技术与制造业融合的深化成熟期，伴随5G等后端基建、人工智能、内容与场景方面爆发出巨大的增长潜力，价值创造基于不同子系统的跨界共创交互迸发出更大的活力，具体如图3-5所示。首先，数字创新基础设施系统中的数字技术创新使得创新主体能够利用各种技术手段如VR/AR、6G通信网络、区块链公链建设和新一代人工智能等跨越组织边界从而共享数据与决策，系统整合技术创新与社会文化的互动，数字基础设施底层架构发挥作用，新内容/场景的制作、生产、运行和交互依赖底层架构的大力升级（游戏引擎/工具集成平台等）。底层架构的升级带动数据处理的量级大幅提升，后端基建与人工智能才能真正发挥大的功效。数字产业创新生态系统价值创造水平伴随着核心创新企业研发投入、政府激励等一系列要素，创新基于交互内容的本质性重构及人工智能、工业元宇宙相关场景，通过虚实交互平台构建，工业互联网、社交、交易等平台的搭建驱动业务量级大幅增加，其业务模式、商业模式、盈利模型将发生变革。数据洪流驱动物理世界充分数字化，人工智能的作用将越来越大，此时AI将替代或辅助人去发挥建设性的作用，成为制造业数字创新生态系统中的核心生产要素，数据要素、技术应用、信用体系和市场机制在数字创新生态系统载体中重新配置，新一代信息技术与制造业的虚实融合将会催生出远超我们当下所预期的新业态、新场景，重塑制造业工业元宇宙的规模与竞争格局。数字技术的迅速发展深刻地改变了制造业竞争环境，重塑了传统的价值创造，在数字应用服务子系统中产生更现代化的消费端、产业端、政府端的应用模式，虚实融合的系统中，数字经济体系不断重塑，数字资产作为贯通虚实经济循环的重要载体，链接各个子系统，发挥日益重要的作用，通过数字资产在不同子系统间的虚实流转，促进跨界生态系统的价值创造与实现[113]。

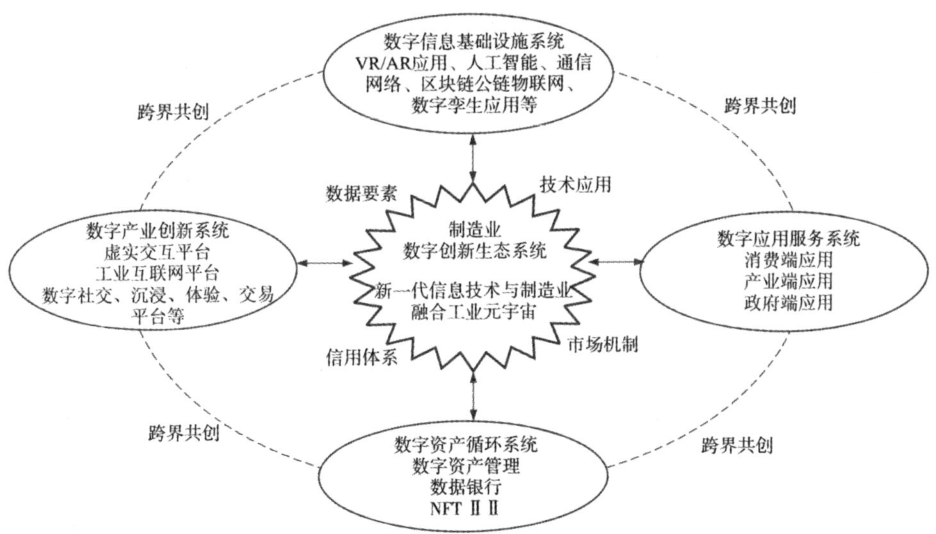

图3-5　成熟期的新一代信息技术与制造业产业跨界共创系统

3.4 本章小结

本章通过深入研判相关文献资料与实践发展案例发现，新一代信息技术与制造业在技术业务、组织系统和价值创造三个维度的深度融合正在不断演化发展，其中，技术业务融合正在逐步数字化、网络化、智能化；组织系统融合呈现平台化、生态化、区域化；价值创造融合模式向协同共创、价值重构方向演进。在新一代信息技术与制造业融合的动态演化过程中，伴随着生产要素逐步相互渗透、价值链不断升级、产业间从竞争到协同，在不同的动态演化阶段呈现不同的阶段性特征。结合相关理论，本研究将其划分为初始探索期、快速发展期与深化成熟期三个阶段，在不同阶段中，技术的融合、组织的创新及价值的创造有其独特的阶段特征，技术融合由单点应用向跨界融合演进，组织创新突破传统组织系统边界，逐步实现跨界融合，不同组织模块相互作用、互相嵌入，形成不同类型的创新生态系统，在系统作用下共同进行价值创造。对于这些动态演进规律的准确把握，有助于理解新一代信息技术与制造业深度融合的作用机制和阶段特点，为后续研究中把握不同阶段新一代信息技术与制造业融合发展模式与政策建议的提出提供理论参考。

第4章　新一代信息技术与制造业融合演化的仿真研究

基于前述第二章和第三章的分析，本章节将采用系统动力学方法对二者的融合演化过程进行仿真模拟。习近平总书记高度重视新一代信息技术与制造业融合发展，多次强调“要做好信息化和工业化深度融合这篇大文章，推进智能制造，推动制造业加速向数字化、网络化、智能化发展”[114]。在制造业各细分领域中，汽车制造业通过与新一代信息技术的深度融合，促进产业不断升级，让汽车制造业发生着一日千里的改革。我国早已经是全球最大的汽车市场，正处在由“汽车大国”向“汽车强国”转型的重要历史时期。面对这一关键的转变阶段，新一代信息技术与汽车制造业的深度融合成为实现汽车强国的有效途径。在这样的背景下，本章拟以汽车制造业为例，采用系统动力学方法，实证分析技术进化、组织系统和价值实现三维视角下新一代信息技术与汽车制造业的融合演化过程及效果。

4.1　系统动力学模型构建

汽车制造业既是劳动力资源丰富、知识积累水平较高、投资效应显著的产业，又与其他产业具有较高的关联效应，是一个存在着多个体、多流程、多要素的复杂制造系统。基于此，本书拟采用系统动力学分析方法，研究汽车制造业融合应用新一代信息技术来实现创新发展的复杂动态反馈机制，利用计算机仿真模拟完成定量研究。这是因为，一方面，此方法可以同时模拟功能与结构，另一方面，此方法的研究角度较贴切，可以透过微观结构观察内部演化机制。利用系统动力学分析方法，本书主要实现了三个基本目标：①既可以回溯汽车制造业过往的发展经验，又可以对融合发展的未来动态趋势进行预测；②既可以对两者融合发展的定性演化规律进行分析，又可以对融合发展进行定量实证分析；③一方面从系统整体的角度来对融合发展进行评价，另一方面又从微观角度分析了深度融合关键因素之间的内在联系。因此，本书基于汽车制造业生产运营的基本特性，利用系统动力学来分析新一代信息技术与汽车制造业融合发展关键要素之间的动态反馈与因果关联，建立新一代信息技术与汽车制造业融合发展与阶段性演进的完整机制图，使其融合发展成长规律能够清楚呈现。

4.2 系统因果循环图构建

系统因果循环图是表示变量之间因果关联的简图，系统中的因果链的表现形式主要是每一条从原因到结果的带有方向的线条。因果链中的正向关系用加号来体现，若是原因变量变多，结果变量就会比原先可以完成的程度要高，原因变量减少的话，结果变量就会比原先可以完成的程度要低；因果链中的负向关系用减号来体现，若是原因变量变多，结果变量就会比原先可以完成的程度要低，原因变量减少的话，结果变量就会比原先可以完成的程度要高。系统因果循环图从技术进化、组织系统和价值实现三个维度出发，对深度融合发展进行构思，遵循符合现实与简化抽象两个原则，假设：①在分析期内，融合发展是一个系统性、连续性、整体性的过程；②不考虑自然灾害事件、非人为因素等偶然性事件和不可抗力对新一代信息技术与汽车制造业融合发展造成的影响；③技术进化维度、组织系统维度与价值实现维度所包含的主要变量如图4-1所示。

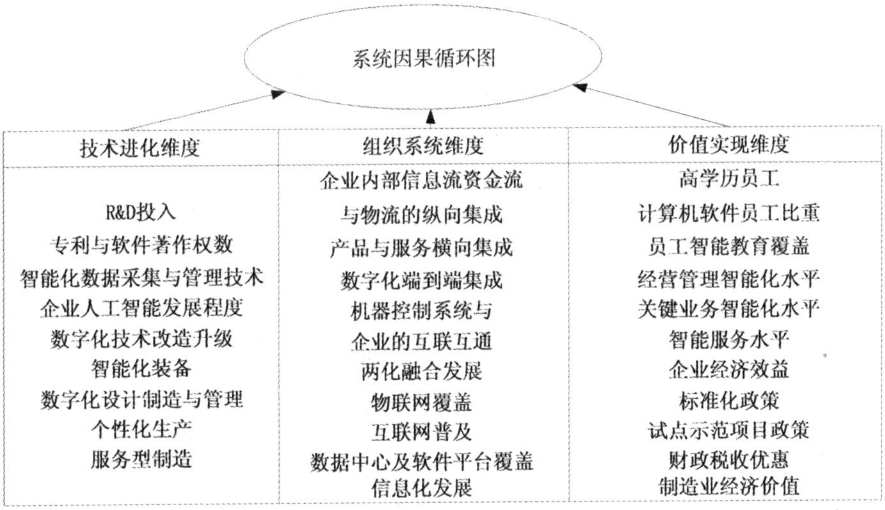

系统因果循环图
技术进化维度
组织系统维度
价值实现维度
R&D投入
专利与软件著作权数
智能化数据采集与管理技术
企业人工智能发展程度
数字化技术改造升级
智能化装备
数字化设计制造与管理
个性化生产
服务型制造
企业内部信息流资金流
与物流的纵向集成
产品与服务横向集成
数字化端到端集成
机器控制系统与
企业的互联互通
两化融合发展
物联网覆盖
互联网普及
数据中心及软件平台覆盖
信息化发展
高学历员工
计算机软件员工比重
员工智能教育覆盖
经营管理智能化水平
关键业务智能化水平
智能服务水平
企业经济效益
标准化政策
试点示范项目政策
财政税收优惠
制造业经济价值

图4-1　系统主要变量

综合分析各个节点与各个变量之间的因果关系，最终完成新一代信息技术与汽车制造业深度融合发展系统因果循环图的构建，图4-2所示为系统因果循环图。

标准化政策
信息化发展
数据中心与软件平台覆盖
高学历员工、计算机软件员工比重
员工智能教育覆盖
制造业经济价值
试点示范项目政策
企业人工智能发展程序
专利与软件著作权数
智能化数据采集与管理技术
财政税收优惠
R&D投入
互联网普及
企业经济效益
智能服务水平
关键业务智能化水平
经营管理智能化水平
数字化技术对企业改造升级
物联网覆盖
服务型制造
个性化生产
数字化设计、制造与管理
智能化装备
两化整合发展指数
产品与服务横向集成
企业内部信息流、资金流与物流的纵向集成
数字化端与端集成
机器、控制系统与企业互联互通

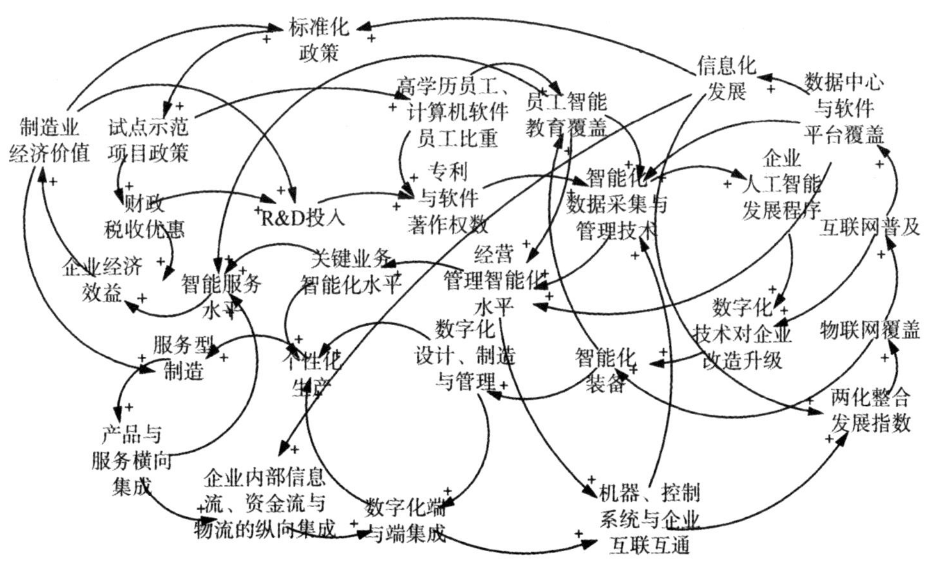

图4-2　系统因果循环图

4.3 系统流图构建

为了深刻剖析融合发展的演化机制，选取合适的案例是关键，研究对象选择某大型汽车制造上市企业，该企业是我国汽车制造企业创新发展的典型代表企业，在中国制造业中占有很高的地位，在国际上也比较知名，汽车制造典型上市企业案例研究对我国汽车制造业融合应用新一代信息技术实现转型发展具有重要的借鉴意义和较高的参考价值。随着我国汽车市场不断发展壮大，该汽车制造上市企业取得了快速发展，不断积累实践经验、开展技术创新、开创自主品牌。但是，该企业与世界级先进汽车制造企业仍然存在差距，不仅体现在规模上，还体现在竞争力上。系统因果循环图为新一代信息技术与汽车制造业融合发展提供了单一的定性结构描述，而要深刻剖析技术进化、组织系统与价值实现对新一代信息技术与汽车制造业融合发展产生的推动效应，还需要研究各个变量的特性，用直观的函数形式与变量符号把变量之间的逻辑关系表达出来。为了用真实可信的数据来代入系统动力学模型进行分析，本研究的数据收集涵盖了关于该企业的网络、媒体报道、文献报刊以及该企业2014—2018年的年度报告等，完成系统动力学模型相关参数的估计以及运算方程式的表达，构建系统流图，如图4-3所示。

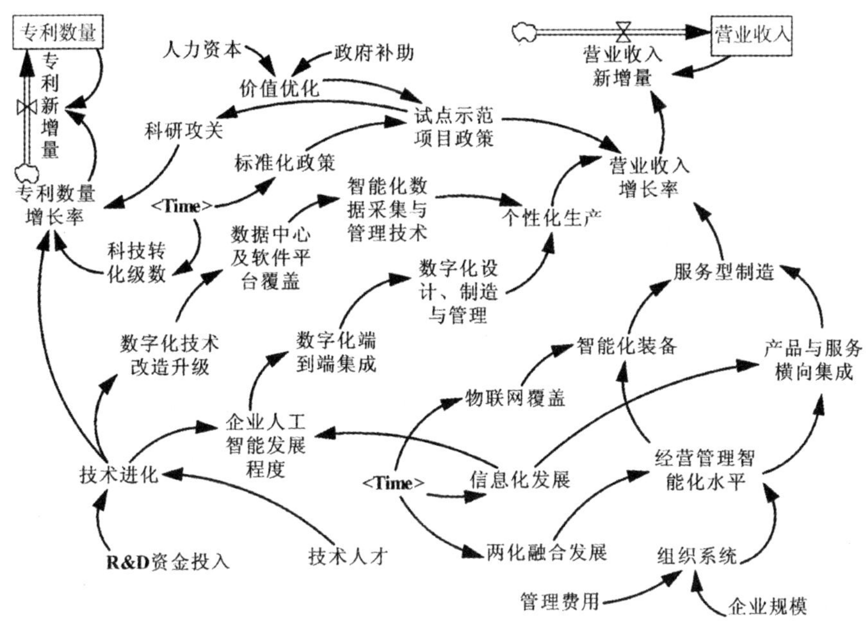

图4-3　系统流图

4.3.1　系统动力学模型描述

遵循可操作性原则，基于不影响变化趋势反映与主要节点关联性的考虑，新一代信息技术与汽车制造业融合发展系统流图将系统因果循环图中的变量进行了精炼。考虑到二者融合实现汽车制造业经济价值增值的过程是一个系统，应该从系统的角度来研究新一代信息技术与汽车制造业融合发展的过程。同时，由于汽车制造业融合应用新一代信息技术的目的是完成汽车制造业技术升级、实现智能制造以及汽车制造业转型升级与经济价值增值，因此以下分析中以汽车制造业专利数量增加与营业收入提高作为总目标。

新一代信息技术与汽车制造业融合发展系统流图展示了融合发展过程中各个影响变量之间相互关联、相互作用的机制，体现出汽车制造业融合应用新一代信息技术、实现智能制造与经济效益提升是一个动态演化的过程。系统流图中的反馈路径描述了汽车制造业融合发展实现智能制造与转型升级的全貌，突出了深度融合对于汽车制造业高质量发展的推动作用，直观反映了融合发展的路径。

4.3.2 变量内容与属性

新一代信息技术与汽车制造业融合发展系统动力学模型中的定量数据采用可查询到的该汽车制造上市企业的数据来设计变量，汽车制造企业经济效益提升采用可以说明企业生产经营成果的指标“营业收入”来表示，为实现智能制造的技术创新升级采用具有技术成果属性的“专利数量”来表示。从技术进化、组织系统和价值优化三个维度来考虑新一代信息技术与汽车制造业融合发展路径，技术进化主要包括“R&D资金投入”与“技术人才”，组织系统主要包括“企业规模”与“管理费用”，价值优化主要包括“政府补助”与“人力资本”。系统动力学模型涉及的变量如表4-1所示。

表4-1 模型变量列表

序号	变量名称	变量类型	单位
1	营业收入	存量变量	亿元
2	专利数量	存量变量	件
3	营业收入新增量	速率变量	亿元
4	专利新增量	速率变量	件
5	科技转化级数	辅助变量	无量纲
6	专利数量增长率	辅助变量	无量纲
7	标准化政策	辅助变量	无量纲
8	试点示范项目政策	辅助变量	无量纲
9	智能化数据采集与管理技术	辅助变量	无量纲
10	数据中心及软件平台覆盖	辅助变量	无量纲
11	数字化技术改造升级	辅助变量	无量纲
12	营业收入增长率	辅助变量	无量纲
13	个性化生产	辅助变量	无量纲

续表

序号	变量名称	变量类型	单位
14	数字化设计、制造与管理	辅助变量	无量纲
15	数字化端到端集成	辅助变量	无量纲
16	企业人工智能发展程度	辅助变量	无量纲
17	服务型制造	辅助变量	无量纲
18	智能化装备	辅助变量	无量纲
19	物联网覆盖	辅助变量	无量纲
20	产品与服务横向集成	辅助变量	无量纲
21	信息化发展	辅助变量	无量纲
22	两化融合发展	辅助变量	无量纲
23	经营管理智能化水平	辅助变量	无量纲
24	科研攻关	辅助变量	无量纲
25	技术进化	辅助变量	无量纲
26	组织系统	辅助变量	无量纲
27	价值优化	辅助变量	无量纲
28	R&D资金投入	常量	亿元
29	技术人才	常量	人
30	企业规模	常量	亿元
31	管理费用	常量	亿元
32	政府补助	常量	亿元
33	人力资本	常量	人

4.3.3 变量关系与参数确定

在区分新一代信息技术与汽车制造业融合发展系统动力学模型变量性质后，将各个变量之间的关联关系用数学方程式表示出来，仿真模拟的运行基于

Vensim软件，从而发现融合发展系统动力学模型中存在的变化趋势与动力学特性。在理论分析的基础上，综合应用各种判断方法进行逻辑构思与运算，建立的新一代信息技术与汽车制造业融合发展系统动力学方程式如下：

（1）营业收入= INTEG（营业收入新增量，6 300），其中6 300是初始值。

（2）专利数量= INTEG（专利新增量，1 961），其中1 961是初始值。

（3）营业收入新增量=营业收入×营业收入增长率。

（4）专利新增量=专利数量×专利数量增长率。

（5）组织系统=管理费用^0.68+企业规模^0.32。

（6）两化融合发展=withlookup（time，lookup）。

（7）经营管理智能化水平=组织系统^0.63+两化融合发展×5。

（8）产品与服务横向集成=经营管理智能化水平^0.71+信息化发展×4。

（9）信息化发展=withlookup（time，lookup）。

（10）智能化装备=经营管理智能化水平^0.69+物联网覆盖×5。

（11）物联网覆盖=withlookup（time，lookup）。

（12）服务型制造=智能化装备^0.5+产品与服务横向集成^0.5。

（13）技术进化= R&D资金投入^0.43×技术人才^0.57。

（14）企业人工智能发展程度=技术进化^0.41+信息化发展×5。

（15）数字化端到端集成=企业人工智能发展程度^0.7。

（16）数字化设计、制造与管理=数字化端到端集成^0.68。

（17）数字化技术改造升级=技术进化^0.47。

（18）数据中心及软件平台覆盖=数字化技术改造升级^0.52。

（19）智能化数据采集与管理技术=数据中心及软件平台覆盖^0.46。

（20）个性化生产=数字化设计、制造与管理^0.36+智能化数据采集与管理技术^0.28。

（21）标准化政策=withlookup（time，lookup）。

（22）价值优化=人力资本^0.8×政府补助^0.7。

（23）试点示范项目政策=标准化政策×10+价值优化^0.53。

（24）营业收入增长率=服务型制造×0.005 1+个性化生产×0.005 5+试点

示范项目政策 × 0.002 3

（25）科技转化级数=withlookup（time，lookup）

（26）科研攻关=试点示范项目政策^0.24。

（27）专利数量增长率=技术进化 × 0.001 9+科技转化级数 × 0.2+科研攻关 × 0.022。

新一代信息技术与汽车制造业融合发展系统动力学模型对参数变化并不十分敏感，部分变量无法做到精确度量，只要保证趋势无误，就可以对模型进行合理估计。系统动力学模型涉及常数值、权重参数与初始值等参数，因为模型涉及许多相互关联、相互影响的变量，往往无法精确计算出各个参数的最优取值区间，所以为获得合理参数估计，必须对系统动力学模型反复调试与运算，仿真模拟的运算结果并不取决于具体参数值而是系统动力学模型的行为模式。模型所用数据主要来源于该汽车制造上市企业对外披露的年度报告，模型涉及权重参数在参考王丹等[115]和孟凡生等[42]的研究基础上，依据系统动力学模型实际运算情况持续调试，寻找最优取值区间。考虑到工业和信息化部等部门印发的《“十四五”智能制造发展规划》，明确提出到2035年，规模以上制造业企业全面普及数字化网络化，重点行业骨干企业基本实现智能化[116]，本研究以2035年为目标年份，以2014年为初始年份。

4.3.4 模型有效性检验

在进行仿真实验前需要测试模型的有效性和可信度，可借助历史数据进行拟合检验。将2014—2018年的数据代入模型，分析系统动力学模型在2014—2018年的拟合情况，可以得到营业收入与专利数量的拟合效果如表4-2和表4-3所示。从营业收入与专利数量的拟合效果可以看出，模拟值与真实值的误差率都不超过5.5%，误差总体可以接受，系统动力学模型拟合效果较好，因此，本模型是有效、可靠的。

表4-2　营业收入拟合效果

年份	模拟值	真实值	误差率
2014	6 300.0	6 300.0	—
2015	6 874.4	6 704.5	2.5%
2016	7 513.6	7 564.2	0.7%
2017	8 233.0	8 706.4	5.4%
2018	9 047.2	9 021.9	0.3%

表4-3　专利数量拟合效果

年份	模拟值	真实值	误差率
2014	1 961	1 961	—
2015	2 380	2 444	2.6%
2016	2 900	2 973	2.5%
2017	3 556	3 730	4.7%
2018	4 369	4 281	2.1%

4.4　模型仿真与分析

本节经过历史拟合检验为有效可靠的系统动力学模型可预测新一代信息技术与汽车制造业融合发展的变化趋势，通过调试相关基础数据与假设环境，观察关键变量对系统变化趋势产生的影响以及系统在不同环境下的行为模式，模拟系统在未来发展过程中可能遇到的不同情况，从而为汽车制造业融合应用新一代信息技术实现转型升级提供决策依据。

4.4.1　基本仿真与结果输出

本节利用系统动力学模型，对新一代信息技术与汽车制造业的融合演化效果进行了预测。根据我国智能制造发展规划，设定新一代信息技术与汽车制造业融合发展系统动力学模型仿真模拟时间域为［2014，2035］，仿真结果如图4-4和图4-5所示。

根据图4-4的仿真结果，在国家加快推进实施智能制造的政策支持下，汽车制造业持续拓展科研攻关，研发创新取得的技术进步促使专利数量稳步增加。在2014—2020年的初步探索期，汽车制造业的专利数量保持较为平缓的增长速率，2020年仅上涨到10 000件左右。2021—2030年进入快速发展期，汽车制造业专利数量的增长速率开始加快，十年间专利数量增长了6倍，2030年汽车制造业的专利数量上涨到约70 000件。2031—2035年进入深化成熟期，汽车制造业的专利数量呈现出迅猛增长态势，2035年的汽车制造业专利数量预计将达到230 000件以上。

根据图4-5的仿真结果，汽车制造业在融合发展过程中逐步实现服务型制造，服务型制造指数在技术进步、组织完善和价值优化的共同作用下逐年波动上升，面向客户的服务型制造将会使得汽车制造业提升经济效益。在2014—2023年的初步探索期，汽车制造业的营业收入从6 300亿元上涨到2023年的15 000亿元，呈现出年均13.9%的增长率。2024—2032年进入快速发展期，汽车制造业的营业收入增长到40 000亿元左右，年均增长率达到20.8%。自2032年开始进入深化成熟期，2035年汽车制造业营业收入预计将接近50 000亿元。

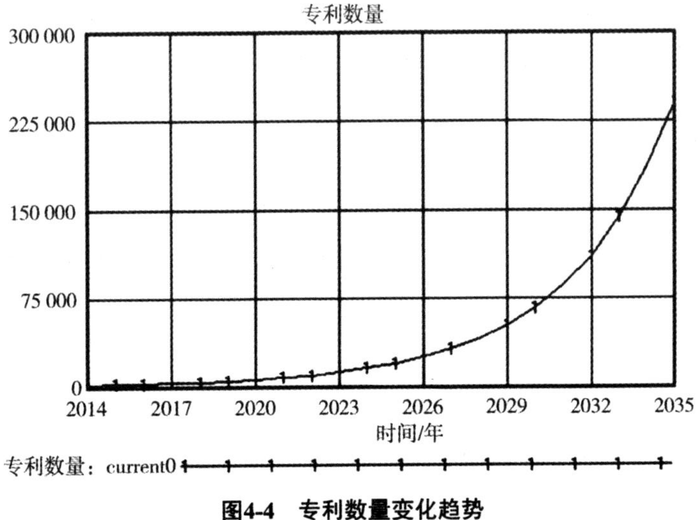

图4-4　专利数量变化趋势

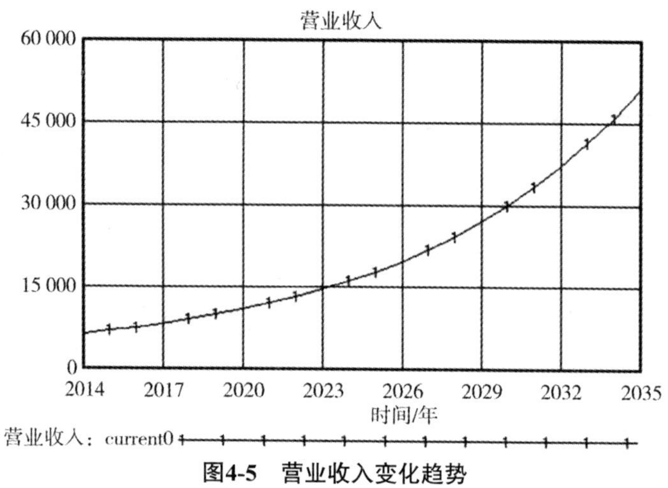

图4-5　营业收入变化趋势

4.4.2　“T-O”协同调节下的融合演化仿真

R&D资金投入是技术进步的基础，技术创新需要汽车制造业合理投入研发资金，技术人才是技术进化的保障，汽车制造业融合应用新一代信息技术实现智能制造离不开技术人才的技术攻关，R&D资金投入与技术人才共同推动新一代信息技术与汽车制造业融合演化技术进化。企业规模是组织系统的支撑，组织系统各项职能运转建立在较大企业规模之上，管理费用保证了组织系统流畅的管理体系，使得组织系统的管理模式日趋完善，企业规模与管理费用共同促进新一代信息技术与汽车制造业融合演化组织系统管理效率的提高。为考量技术进化与组织系统协同调节下新一代信息技术与汽车制造业融合演化的趋势，对相关参数做上下50%的调整，分别是技术进化与组织系统投入增加50%，技术进化与组织系统投入减少50%，其他参数保持不变，增设两个数据库进行仿真模拟，得到专利数量与营业收入的仿真结果如图4-6与图4-7所示。其中，current0代表原参数；current1代表相关参数提高50%；current2代表相关参数降低50%。

根据图4-6的仿真结果，汽车制造业的专利数量仍然保持持续的上涨态势，当技术进化与组织系统投入增加50%时，2035年汽车制造业的专利数量预计会达到120 000件，当技术进化与组织系统投入减少50%时，2035年汽车制造业的专利数量预计会达到近600 000件。根据图4-7的仿真结果，汽车制造业的营业收入也同样维持上涨态势，无论技术进化与组织系统投入是增加50%还是减少50%，2035年汽车制造业的营业收入均维持在50 000亿元左右。

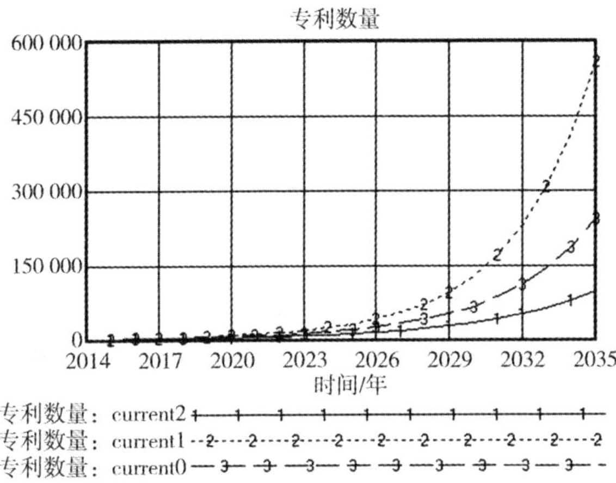

图4-6　"T-O"协同调节对专利数量的影响

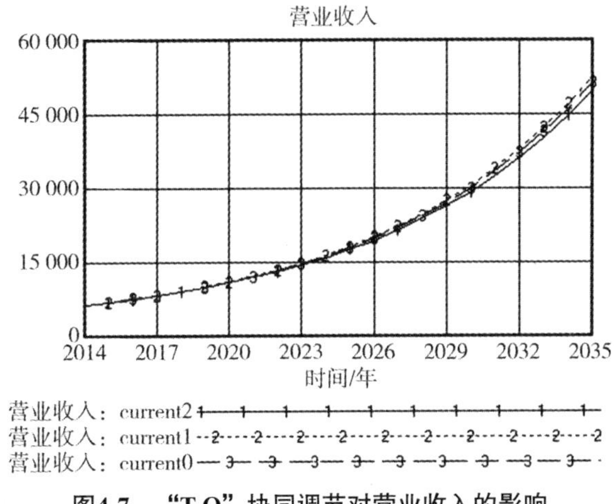

图4-7　"T-O"协同调节对营业收入的影响

对比图4-6和图4-7可知，技术进化与组织系统对汽车制造业融合应用新一代信息技术的技术推动作用较大，对营业收入的促进作用较弱。汽车制造业在技术进化与组织系统上的投入上下浮动时，最先受到显著影响的就是汽车制造业的技术研发部门，技术进化和新一代信息技术与汽车制造业融合演化息息相关，组织系统则保障了技术研发部门的管理效率。营业收入受到市场波动、销售渠道拓展等多方面因素影响，技术进化与组织系统投入浮动对营业收入影响程度较弱，但长远来看，技术进化与组织系统完善会显著推动新一代信息技术与汽车制造业的融合演化。随着时间的延展，技术进化与组织系统投入调整给新一代信息技术与汽车制造业融合演化带来的差异将会越来越大，这就凸显出了技术进步与组织系统完善的重要性。

4.4.3 “T-V”协同调节下的融合演化仿真

政府补助是政府支持汽车制造业融合应用新一代信息技术的一种经济干预工具，帮助汽车制造企业实现价值增值，人力资本是新一代信息技术与汽车制造企业融合演化过程中非常重要的资源，政府补助与人力资本共同推进汽车制造企业深度融合新一代信息技术实现价值优化。为考量技术进化与价值优化协同调节下新一代信息技术与汽车制造业融合演化的趋势，对相关参数做上下50%的调整，分别是技术进化与价值优化投入增加50%，技术进化与价值优化投入减少50%，其他参数保持不变，增设两个数据库进行仿真模拟，得到专利数量与营业收入的仿真结果如图4-8与图4-9所示。其中，current0代表原参数；current1代表相关参数提高50%；current2代表相关参数降低50%。

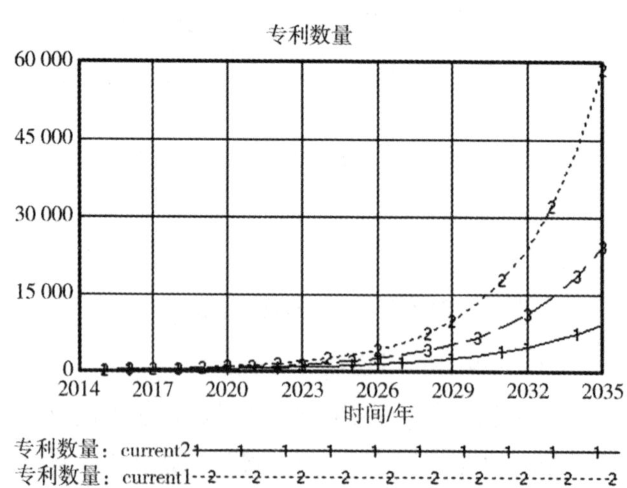

图4-8 “T-V”协同调节对专利数量的影响

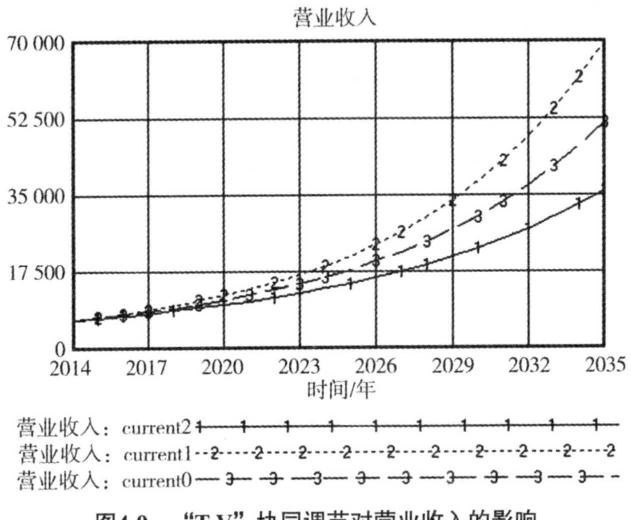

图4-9　“T-V”协同调节对营业收入的影响

根据图4-8的仿真结果，汽车制造业专利数量的预计变化态势保持相同，当技术进化与组织系统投入增加50%时，2035年汽车制造业的专利数量预计仍然会是在120 000件左右，当技术进化与组织系统投入减少50%时，2035年汽车制造业的专利数量预计会非常接近600 000件。根据图4-9的仿真结果，汽车制造业营业收入也呈现出相同的变化趋势，当技术进化与组织系统投入增加50%时，2035年汽车制造业的专利数量预计增长到350 000亿元，当技术进化与组织系统投入减少50%时，2035年汽车制造业的专利数量预计会非常接近52 500亿元。

对比图4-8和图4-9可知，技术进步与价值优化对新一代信息技术与汽车制造业融合演化具有重要的推动作用，不仅会推动技术创新升级，而且还会提升经济效益。调整在技术进步与价值优化方面的投入，将会对汽车制造业深度融合新一代信息技术产生重要影响，而且随着时间的延长，这种影响将会变得越来越显著。相对于“T-O”协同调节而言，在调整相同幅度的情况下，“T-V”协同调节对汽车制造企业融合应用新一代信息技术实现经济效益提升的影响力更显著。

4.4.4　“O-V”协同调节下的融合演化仿真

组织系统为融合演化提供辅助支撑，价值优化为融合演化拓展增值渠道，组织系统与价值优化共同推动新一代信息技术与汽车制造业融合演化。观察组织系统与价值优化协同调节下新一代信息技术与汽车制造业融合演化的趋势，对相关参数做上下50%的调整，分别是组织系统与价值优化投入增加50%，组织系统与价值优化投入减少50%，其他参数保持不变，增设两个数据库进行仿真模拟，得到专利数量与营业收入的仿真结果如图4-10与图4-11所示。其中，current0代表原参数；current1代表相关参数提高50%；current2代表相关参数降低50%。

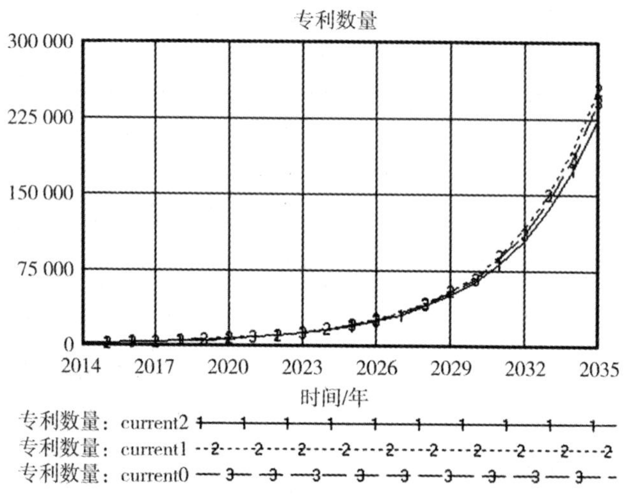

图4-10 "O-V"协同调节对专利数量的影响

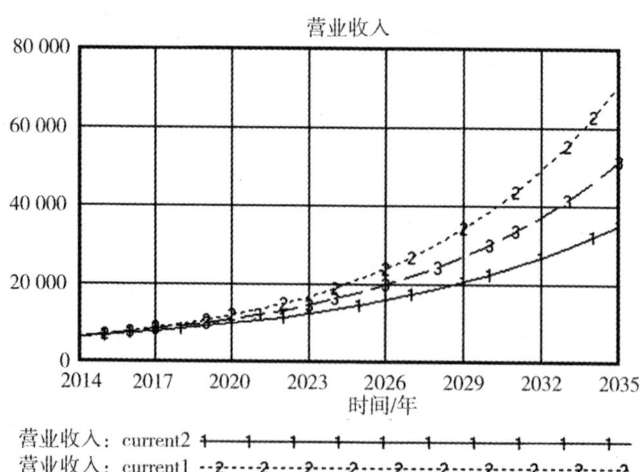

图4-11 "O-V"协同调节对营业收入的影响

根据图4-10的仿真结果，汽车制造业的专利数量持续增长，无论是技术进化与组织系统投入增加50%还是减少50%，2035年汽车制造业的专利数量预计仍然会是在250 000件左右。根据图4-11的仿真结果，汽车制造业营业收入也呈现持续增长的变化趋势，当技术进化与组织系统投入增加50%时，2035年汽车制造业的专利数量预计达到近40 000亿元，当技术进化与组织系统投入减少50%时，2035年汽车制造业的专利数量预计会达到70 000亿元左右。

对比图4-10和图4-11可知，调整组织系统与价值优化投入发现，组织系统与价值优化协同调节对营业收入的影响大于对专利数量产出的影响，进而得出"O-V"协同调节对新一代信息技术与汽车制造业融合演化经济效益提升的促进作用较强，对技术创新升级的促进作用较弱。完善的组织系统保障了融合演化的管理效率，价值优化使得融合演化资源配置效率提升，这就为经济效益的提升奠定了基础，但对于技术创新升级推动力度不足。与"T-O"协同调节、"T-V"协同调节相比，"O-V"协同调节对新一代信息技术与汽车制造业融合演化实现技术创新升级的影响力度较弱。

4.4.5　"T-O-V"协同调节下的融合演化仿真

在新一代信息技术与汽车制造业融合演化的过程中，相关变量往往是相互组合出现的，仅仅调节某几个变量的赋值而保持其他变量不变是一种理想状态，因此，需要综合调节技术–组织–价值相关参数，设计不同的模拟情境，来观测2035年汽车制造业融合应用新一代信息技术的运行效果。新一代信息技术与汽车制造业融合演化系统动力学模型将基于系统运行现状加强调节，统筹设计参数进行仿真模拟，具体仿真模拟结果见表4-4。

表4-4　"T-O-V"综合调节效果模拟

情境	技术进化调整幅度	组织系统调整幅度	价值优化调整幅度	专利数量变化幅度	营业收入变化幅度
1	+25%	+25%	+25%	+28.76%	+10.56%
2	+25%	+25%	–25%	+24.39%	–8.80%
3	+25%	–25%	+25%	+28.76%	+9.21%
4	–25%	+25%	+25%	–20.22%	+10.23%

续表

情境	技术进化调整幅度	组织系统调整幅度	价值优化调整幅度	专利数量变化幅度	营业收入变化幅度
5	+50%	+25%	+25%	+62.22%	+10.68%
6	+25%	+50%	+25%	+28.76%	+11.09%
7	+25%	+25%	+50%	+30.50%	+20.81%
8	+50%	+50%	+25%	+62.22%	+11.21%
9	+50%	+25%	+50%	+64.37%	+20.94%
10	+25%	+50%	+50%	+30.50%	+21.38%
11	+50%	+50%	+50%	+64.37%	+21.51%

根据表4-4的仿真结果，整体上新一代信息技术与汽车制造业的深度融合可以有效促使汽车制造业专利数量与营业收入的增长。具体而言：第一，技术进化-组织系统-价值优化三个维度多参数综合调节所产生的运行效果与影响力度相对于两个维度参数调节来说更显著，参数调整导致未来趋势产生的差异也更大。这意味着，新一代信息技术与汽车制造业融合演化受到技术进化、组织系统与价值优化的多重作用，单从某一个视角或某两个维度来研究汽车制造业融合应用新一代信息技术的发展趋势，效果通常是有限的。第二，技术进化相关参数调整对专利产出数量的影响最大，价值优化相关参数调整对营业收入的影响最大，在新一代信息技术与汽车制造业融合演化的过程中，技术进化、组织系统与价值优化协同发挥作用，技术进化对于融合演化技术升级的促进作用大于组织系统与价值优化，价值优化对于融合演化经济效益提升的促进作用大于技术进化与组织系统。第三，技术进化-组织系统-价值优化三个维度相关参数协同调整对专利产出数量的影响力度大于营业收入，这说明技术进化、组织系统与价值优化对于新一代信息技术与汽车制造业融合演化技术升级的作用效果胜于对经济效益的影响，技术创新升级与科研投入、技术人才以及人力资本等要素密切相关，而经济收益还会受到市场波动与销售渠道等环境变化的影响。因此，技术进化、组织系统与价值优化对新一代信息技术与汽车制造业融合演化技术升级的作用效果更显著。

4.5 系统动力学模型检验结论

从“技术进化-组织系统-价值优化”三个维度来细致刻画新一代信息技术与汽车制造业融合演化的机制，揭示汽车制造业融合应用新一代信息技术的发展趋势与演化机理，构建的系统动力学模型以该汽车制造上市企业经营数据为例进行仿真模拟，研究发现：

（1）技术进化、组织系统与价值优化三者之间的协同作用促进了新一代信息技术与汽车制造业的融合及演化，在初始萌芽期、快速发展期和深度融合期三个不同阶段，新一代信息技术与汽车制造业融合的创新生态系统价值创造能力不断提高，呈现阶段性演进特征。将技术-组织-价值综合于融合演化体系之中，以完整有序的融合演化运行框架构建融合演化成长机制，有利于汽车制造业从技术进化、组织系统与价值优化三个视角出发，为融合应用新一代信息技术实现转型升级提供切实有效的提升思路，实现汽车制造业高质量发展。

（2）构建新一代信息技术与汽车制造业融合演化的系统动力学模型，从技术进化、组织系统和价值优化三维视角深刻剖析不同要素主体之间的因果关系，并且展示了汽车制造业在融合应用新一代信息技术过程中的成长机制与运行效果，高度符合新一代信息技术与汽车制造业融合演化的内在逻辑与运行机制。通过对系统动力学模型进行仿真模拟，实现了新一代信息技术与汽车制造业融合演化政策实验效果检验与发展趋势预测，有助于汽车制造业从技术、组织与价值处入手，寻找发展着力点，更高质量地融合应用新一代信息技术，实现智能制造与经济效益提升。

（3）汽车制造业是技术知识高度密集、产业体系庞大、价值网络复杂的高端制造业，持续提升关键核心技术，完善组织系统管理体系，构建流畅运转价值网络，是新一代信息技术与汽车制造业深度融合演化的必由之路。技术进化是融合演化技术创新升级的决定性力量，价值优化是融合演化经济效益提升的主要推动力量，组织系统为技术进化与价值优化提供基础支撑，统筹协调技术进化、组织系统与价值优化的投入强度，不断促进技术升级转化为高效生产力，价值优化反馈拓展增值渠道，切实提高新一代信息技术与汽车制造业融合演化的整体水平。

4.6 本章小结

本章基于前述对新一代信息技术与制造业的融合机理及动态演化的分析，采用系统动力学方法，对二者的融合演化过程进行系统仿真，研究内容包括五个小节。第一小节选取汽车制造业为例，构建新一代信息技术与汽车制造业融合发展与阶段性演进的完整机制图。第二小节综合各个节点与各个变量之间的因果关系，构建出新一代信息技术与汽车制造业深度融合发展的系统因果循环图。第三小节结合系统因果循环图，构建新一代信息技术与汽车制造业融合发展的系统动力学方程式，并对模型的有效性进行检验。第四小节结合相关数据，对“技术进化-组织系统”“技术进化-价值实现”“组织系统-价值实现”“技术进化-组织系统-价值实现”视角下的新一代信息技术与制造业融合演化过程进行分析。第五小节对新一代信息技术与制造业融合演化所有的仿真结果进行讨论。

第5章 新一代信息技术与制造业深度融合的测度与现状分析

科学准确地评估新一代信息技术与制造业融合水平是衡量制造业经济绩效、促进制造业高质量发展的前提和基础。本部分基于新一代信息技术与制造业深度融合的“T-O-V”机理和演化规律构建省级区域层面的融合水平测度模型进行评价，总结我国新一代信息技术与制造业深度融合的现状、总结发展规律和趋势，以期提升政府科学决策和行业专业服务水平。

5.1 新一代信息技术与制造业深度融合的评估架构与影响因素分析

5.1.1 新一代信息技术与制造业深度融合的“T-O-V”评估框架

新一代信息技术与制造业深度融合是一个涉及多层级、多方面的复杂系统工程[117]，参考德国工业4.0、美国先进制造战略、中国制造2025以及《“十四五”信息化和工业化深度融合发展规划》等体系架构，从价值、组织和技术三个视角将新一代信息技术驱动下制造业深度融合的4方面基本内容进行分类，建立以价值重构为主线的双螺旋模型——以技术支撑和组织落地的双轮驱动，实现技术和组织双向迭代[118]。价值重构是逻辑起点，技术支撑是工具，组织落地是内核，构建新一代新信息技术与制造业深度融合的“T-O-V”评估参考架构，如图5-1所示。

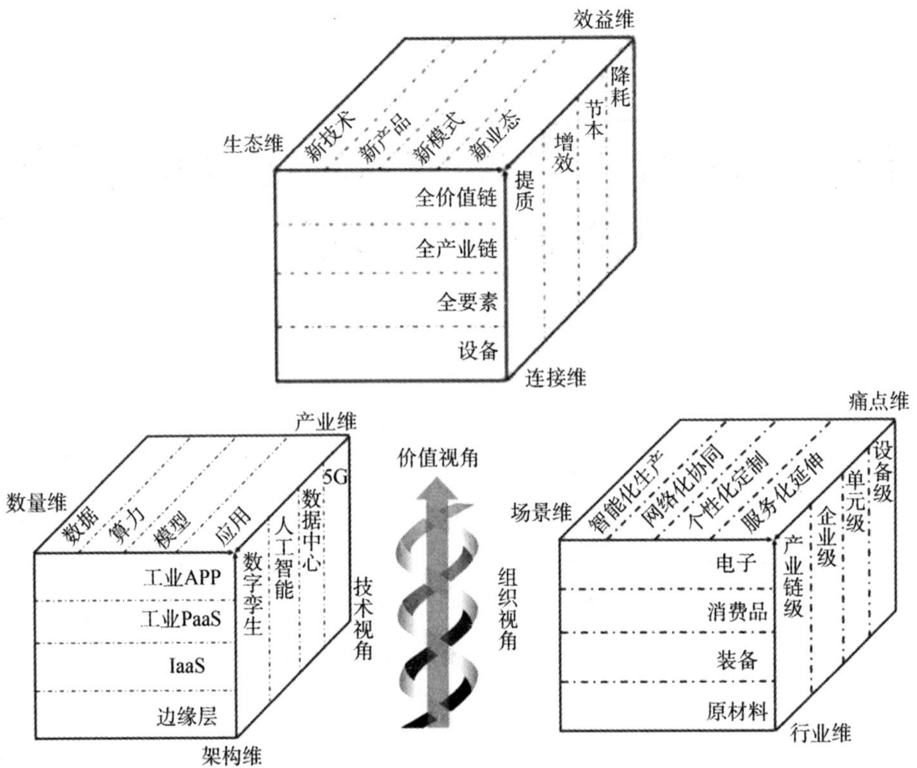

图5-1　新一代信息技术驱动下制造业转型升级的“T-O-V”评估参考架构

技术视角（T）：包括新一代信息技术产业、制造业数据和平台技术架构3个维度。新一代信息技术产业维度包括从5G、数据中心、人工智能到数字孪生等核心领域[119]，形成新一代信息技术与制造业融合的技术基础产业支撑，同时这些技术概念不可割裂，环环相扣，构成了包含制造数据采集、传输、计算、分析和应用的产业闭环，数据正在成为制造业新经济模式的关键生产要素；数据维涉及数据、算例、模型与应用的4个方面[120]，成为制造业数字化、智能化转型的应用方案；工业互联网平台是制造业数据集成与应用集成的支撑，其面向制造业数字化、网络化、智能化需求，将工业互联网与云计算、大数据和物联网相结合，构建出具有存储、集成、计算、分析及管理等一体化功能的新平台，最终以工业APP的形式来实现各类创新应用，形成包括边缘层、IaaS、PaaS和工业APP在内的4层架构。

组织视角（O）：技术-经济范式包括一系列相互依存的技术、产业组织、商业模式以及管理创新，产业组织是技术落地的载体和路径[121]，通过提升传统产业改造升级和新兴产业发展，典型场景打造与示范，解决产业组织中设备、生产单元、企业和产业（集群）发展中的痛点，打通组织瓶颈。注重制造业细分行业与新一代信息技术在研发、生产和服务等全流程和产业链各环节融合过程的差异性，提出推动制造业实现数字化转型、网络化协同及智能化变革等不同发展模式，全面提升制造业的发展水平，探索建设“未来工厂”，贯通消费与制造，打通全环节数据链路和典型应用场景，形成具有技术水准较高、解决方案完整、应用模式成熟及赋能效益明显等特点，让制造业的效率和准确度大幅度提高，可为相关行业提供可复制、可推广的示范经验。加快工业互联网平台建设，加强工业互联网在重点行业的推广应用，形成设备、生产单元、企业和全产业链等层面工业设施与数据的连接融合，通过智能制造系统解决方案供应商、工业互联网创新发展工程等项目，培育和打造出一批系统解决方案供应商，为制造企业的整体优化能力提供必要的服务支撑。

价值视角（V）：明确价值主张是转型发展的起点，基于新一代信息技术的制造产业组织变革，应瞄准基于工业大数据闭环的“价值赋能”体系与“智能技术+创新应用”融合赋能体系建设，为利益相关方提供创造价值的产品和服务[122]。从实践来看，一批企业通过新一代信息技术应用，解决了自动排产、生产溯源、设备预警预测和能耗实时监测等实际问题，实现了提质、降本、增效等目标。同时，以工业互联网平台技术优势为基座，打通“消费-零售-制造”环节，重构完整的制造行业生态体系，实现消费互联网与工业互联网的深度融合、叠加和倍增。促进数据维向制造业全要素、全价值链、全产业链的渗透和融合，催生出数据这一新的生产要素，并以数据集成、流程协同、数据驱动、业务/场景驱动带动技术、业务流程及组织结构的互动创新和持续优化，不断提高制造资源的生态配置效率。

图5-1所示的“T-O-V”评估参考架构为新一代信息技术与制造业融合评估提供了基本的、可定义的评估模块，为引导制定提供一套客观、科学的融合评估指标体系提供了参考。

5.1.2 “T-O-V”框架下新一代信息技术与制造业融合水平的影响因素分析

以图5-1的“技术（T）-组织（O）-价值（V）”的评估架构为基础，分析影响新一代信息技术与制造业深度融合评估的相关因素。因此，在建立两化融合效率评价指标体系时，应该遵循以下几个原则：

（1）实效性原则：一套好的评价指标体系的构建不仅仅体现在它能够很好地反映评价对象过去和现在的状况，还应体现在它能够在对现在相关因素把握的基础上有效地对被评价对象的未来发展趋势做出恰当的适宜性调整。信息技术与制造业融合经历了4个阶段，伴随新一代信息技术与制造业深度融合，应及时调整选取的评价指标，剔除不合适的以及增添其他更适宜的指标，反映指标的适宜性。

在起步阶段和快速发展阶段，由于信息化基础薄弱，评估时多将“百人计算机拥有量”“信息系统覆盖率”等作为关键表征指标[123]。两化深度融合阶段，信息化基础已经奠定，企业层面的业务数字化和集成化改造则成为关键表征指标，这一阶段将“数字化研发设计工具普及率”“管控集成”等作为关键表征指标。现阶段，新一代信息技术推动制造业生态级融合，这一阶段主要通过跨企业的业务协作和发展模式创新，对原有制造体系、产业结构和价值链条产生全方位、颠覆式变革，实现产业级、生态级两化融合[124]，形成两化融合升级版，以数据中心、智能计算中心为代表的算力基础设施、“工业互联网平台”及“产业生态”等是这一阶段的关键表征指标。

（2）可操作性原则：新一代信息技术与制造业深度融合处于快速发展阶段，但很多指标的数据基础仍较为薄弱，难以有效收集和整理，因此指标在建立时也应该考虑数据收集的难易程度，以及收集到的数据的真实性。数据收集有困难的指标准确性与真实性难以保证，且易对结果产生影响，如“十四五”期间工信部和多个制造业先进省市较为关注的工业机器人使用密度[125]由于数据缺乏，暂未纳入评价体系。

（3）全面评估与重点评估相结合原则：由于在新一代信息化与制造业融

合的过程中，涉及的设计与评价因素复杂多变，因此从宏观入手，突出关键指标，抓住融合过程的直接矛盾设计指标，对结果影响不大或几乎无影响的指标可以直接忽略，突出重点指标，使之便于衡量和检测，增强针对性、包容性和综合性，确保选取的指标简单实用。经济效益和社会效应两项指标是制造业转型升级中价值评价的重要内容，但由于新一代信息技术与制造业的深度融合仍处于加速成长和试点示范阶段，难有相关的数据支撑，对其独立的经济效益和社会效益仍难以计量，必须借助于典型应用场景、灯塔工厂等其他形式来间接考核。

基于“T-O-V”的评估架构，遵循区域信息化与工业化逐步融合发展渗透的一般原则，结合新一代信息技术与制造业深度融合新发展阶段的技术特征、组织状况和价值特点，以省级区域为评估重点，指标的选取参考如下内容：

（1）充分吸收中央全面深化改革委员会制定的《关于深化新一代信息技术与制造业融合发展的指导意见》工信部制定的《国家智能制造标准体系建设指南》《工业互联网平台应用数据地图》两化融合公共服务平台等国家部委的发展政策、意见或计划，吸纳当前符合新一代信息技术和制造业技术特点和国家政策导向的适宜性要求。

（2）对北京市、上海市、广东省、重庆市和浙江省等制造业强省市的相关政策文件进行分析和解读，如上海十四五先进制造业发展规划、浙江省数字经济发展“十四五”规划、江苏省制造业智能化改造和数字化转型三年行动计划（2022—2024年），以及北京市“新智造100”工程实施方案（2021—2025年）等，对指标体系的普适性和地方性进行适当的折中，重点选取苗头性、趋势性和倾向性对的融合指标，同时注重数据的可获得性。

（3）借鉴和总结国内外关于制造业数字化、智能制造和工业互联网评估等的相关文献以及赛迪顾问等制造业专业咨询机构的评估实践，把握新一代信息化和工业化融合的创新点，吸纳相关研究机构的创新成果。

模型将前一节中深度融合的内容整合成“T-O-V”3方面内容，采用三层指标评估体系，将3大核心要素（技术支撑、组织变革和价值提升）、7个核心能力分别作为一级指标、二级指标。三级指标充分考虑了评估的简单易行，力求突出重点，从50多个评估指标中选取了24个，最终形成了省市区域层面的评估指标体系，具体见表5-1和图5-2。

表5-1 新一代信息技术与制造业深度融合评估指标体系

一级指标	二级指标	三级指标
技术支撑	基础设施	工业互联网标识注册量（亿）
		1 000 Mbps及以上接入速率的宽带接入用户
		5G基站规模
		人工智能企业数
		数据中心机架数
	数字化改造	数字化研发工具普及率
		生产设备数字化率
		关键工序数控化率
组织变革	政策规划	工业互联网规划情况（万家）
		智能制造产业园数
		企业上云发展规划企业数
	业务平台化	工业电子商务普及率
		工业互联网平台普及率
		工业云平台应用率
	新模式 新业态	开展个性化定制的企业比率
		开展服务型制造的企业比率
		开展网络化协同的企业比率
		智能制造就绪率
价值提升	工厂示范	国家智能制造示范工厂数
		智能制造示范工厂数量
		世界灯塔工厂数
	生态价值	国家智能制造优秀场景数
		工业互联网优秀APP
		工业软件和信息技术服务业收入情况

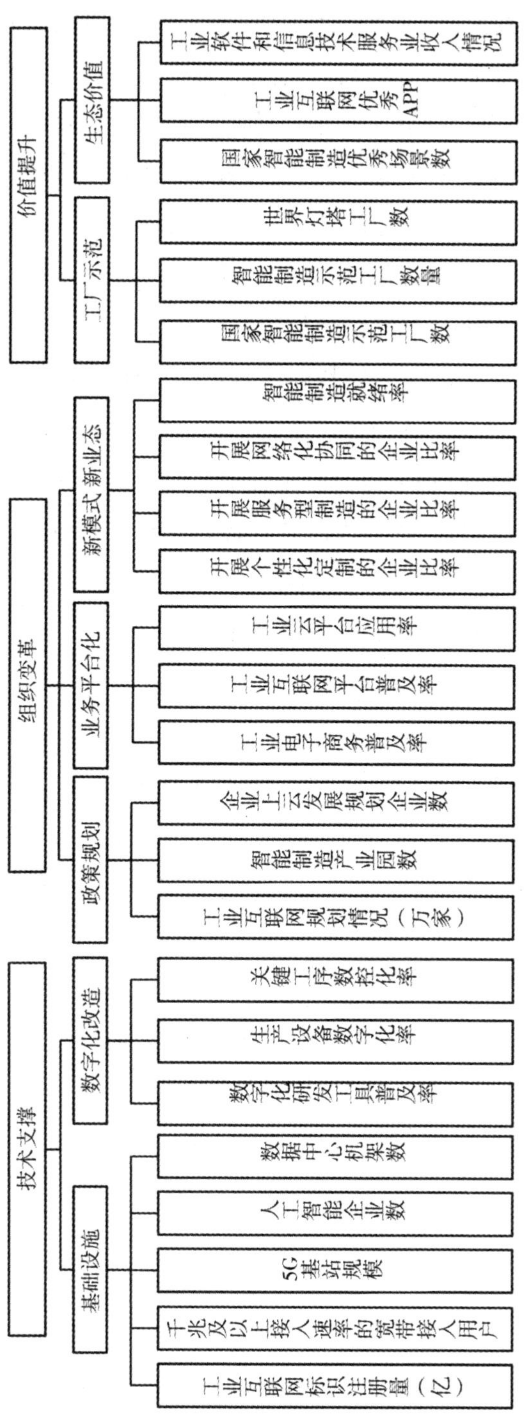

图5-2 新一代信息技术与制造业融合的"T-O-V"评估指标体系

（1）技术支撑力：新一代信息技术是制造业转型升级的驱动力，只有打牢新一代信息技术产业基础，才能够为制造业融合发展提供强有力的支撑。从外部看，5G、工业互联网等新一代信息技术的是制造业数字化、网络化和智能化的基础条件，为制造业的创新行为提供技术资源的支撑；从内部看，依附于新一代信息架构，全局业务实施交互数据，联动运作，充分融合，以提高整体效率，加速推进制造业数字化转型工程。本项内容选取（新一代信息基础）基础设施和（制造业）数字化改造两项指标进行评价。

1）基础设施。新一代信息化基础设施是制造业外部进行数字化转型的基石，选取工业互联网标识注册量、千兆以上主干网介于用户数、5G基站规模、人工智能企业数和数据中心机架数作为新一代信息技术基础设施的主要评价指标。工业互联网标识是对产品、设备赋予的唯一编码[126]，是支撑工业互联网互联互通的关键，因此，工业互联网标识注册量的增加代表了一个区域的工业互联网正在越来越多的领域得到实际应用。

2）数字化改造。业务、流程数字化改造是制造业内部信息化提升的支点，也是当前两化融合的主要任务和工作重点。数字化研发是企业转型升级的主要动力，选取数字化研发工具普及率、生产设备数字化设率和关键工序数字化率3项指标作为制造业数字化改造的评价指标。其中，生产设备数字化率和关键工序数控化率体现了中央企业的自动控制与感知水平；数字化研发设计工具普及率体现了中央企业的工业软件应用水平。

（2）组织变革力：新一代信息技术以互联、协作为基础，主张“开放、共享、互利、对等、协作”的产业组织理念，驱动制造业产业模式和企业形态发生根本性转变。这需要相关部门做好顶层设计高位推进，新一代信息技术在工业互联网平台的交叉融合应用趋势明显，新模式新业态竞相涌现，推动了制造业的经济和社会组织方式的根本变革[127]。本项内容政策规划、业务平台化和新模式新业态对组织层面3项指标进行分析。

1）政策规划。我国各级部门通过采取一系列政策措施，积极打造工业互联网、人工智能及5G等新一代信息技术产业生态高地[128]，优化基础设施建设，培育发展新动力，支撑我国制造业向形态更高级、分工更优化、结构更合理的阶段演进。政策规划包括工业互联网规划情况、智能制造产业园和企业上云发展规划3个方面。

2）业务平台化。平台化指的是通过新一代信息技术建立不同的个体、组织、企业和平台之间的连接机制，形成“点-线-面-体”的平台协同合作模式。工业互联网平台基于工业云平台实现制造资源的连接、汇聚、配置的枢纽，按照应用层次可分为工业电子商务普及率、工业云平台应用率和工业互联网平台普及率3个方面。

3）新模式新业态。新一代信息技术通过对制造业聚集、整合、优化要素资源的优势，促进制造业技术、产品、模式和机制创新，推动制造业高质量发展。在生产模式方面，从传统生产方式向智能化、绿色化、服务化方向转变；在组织关系方面，从产业链上下游企业间的生产关系向各类主体网络化协同配合转变，包括开展个性化定制、服务型制造、网络化协同和智能制造就绪率4个方面。

（3）价值提升力：新一代信息技术与制造业全要素、全产业链及全价值链的深度融合，产生显著的经济效益和社会效益，形成了一批带动能力强、示范效应显著的项目和工厂，产业生态加速形成。由于我国各省域之间制造业差异较大，因此新一代信息技术的经济效应和社会效应仍难以有效衡量，本项内容示范效应和生态价值两项指标对价值层面进行分析。

1）工厂示范。随着制造业智能的进行，探索标准化、模块化、精准化的实施路径和试点示范，有助于发挥先进典型带动作用，形成技术能力、解决方案与先进经验的迁移效应[129]。此指标包括智能制造示范工厂、国家智能制造示范工厂数和世界灯塔工厂3个层级。

2）生态价值。生态价值也是新一代信息技术与制造业融合的价值体现，以典型场景为基本要素，推动从企业层面到制造环节的智能化改造，探索智能制造最佳实践的标准化、模块化、精准化的推广路径，实现智能制造由点及线、由线到面系统发展；工业APP是工业互联网平台应用生态的价值体现。此部分国家智能制造优秀场景数、工业互联网优秀APP和工业软件和信息技术服务业收入情况3项内容。

5.2 新一代信息技术与制造业深度融合评价的模型构建

如何科学评测新一代信息技术与制造业融合在推动企业创新发展、行业转型升级和区域协调发展中的进展成效，如何系统度量融合对模式业态创新、经济社会效益及经济高质量发展产生的作用价值，日益成为政府、学术界与产业界的关注焦点。目前，对融合水平的评价方法主要有综合指数法、功效系数法和耦合协调法等[130]，其主要实施步骤及优缺点如表5-2所示。

表5-2 两化融合主要评价方法

名称	实施步骤	优点	缺点
综合指数法	确定融合综合效益指标体系，将综合效益指标转化为同度量的个体指数，加权平均得到效益综合评价值	对不同性质的指标进行同度量转化，简单易行	权数判断的主观性较强，评价结果客观、科学性低
功效系数法	将融合评价指标进行多档次分类，确定上限与下限；利用功效函数计算实现满意值，加权平均得到融合水平	从不同层面对两化融合进行评分；适合融合绩效评估	满意值和不容许值没有统一标准，不易操作，稳定性和客观性受影响
耦合协调法	将融合分为若干内部子系统，评估子系统发展水平；利用协调发展模型得到系统总体协调发展系数	从不同子系统多角度综合评价，更加全面、科学	子系统之间存在相互联系、制约、促进关系；协调发展模型形式不一

综合考虑各方法的优劣，本书选择以综合指数法为主，协调发展系数为辅的方法对新一代信息技术与制造业融合水平进行评价。

5.2.1 新一代信息技术与制造业深度融合的整体水平测度方法

通过综合指数法对新一代信息技术与制造业深度融合的整体水平进行测度。通过将融合分为“技术”“组织”与“价值”三个子系统，多角度、多层面地综合评价我国新一代信息技术与制造业的融合水平。综合指数法是较为直观的水平评价方法，基于对新一代信息技术与制造业深度融合基本逻辑和发展趋势的根本性认识，为认识我国省域区域的新一代信息技术与制造业深度融合水平差异提供了一种可行的数理论证方式，一般遵循指标设计、权重确定、数据处理、指数计算和比较分析等步骤。

在比较国内外赋权方法优劣的基础上，本部分采用熵值法来确定指标的权重，从而对新一代信息技术与制造业的融合水平进行评价。熵值法[131，132]是信息论中的重要方法，熵是一种对系统无序程度的度量单位，熵值愈小，表明该系统无序化的程度愈大，对于融合程度的度量，可以理解为，某一指标对于m个高新区来说，其融合度度量的结果差异愈大，说明该指标的评价效果愈好，即熵值愈小。因此运用熵值法来为评价指标赋予权重是可行的。熵值法的主要步骤如下。

（1）样本选取：选取m个省市域、n个评价指标值作为研究样本，将这n个评价指标值用提取的潜变量的因子得分来表示，即X_{ij}为第i家省市域第j项指标的因子得分，其中，$i=1, 2, \cdots, m$；$j=1, 2, \cdots, n$。

（2）数据正向化：由于因子分析输出的因子得分有正有负，因此要进行数据的正向化处理，通过平移将负向因子得分转化为正向。

（3）计算指标值的比重：计算第j项指标下第i家省市域的指标值的比重P_{ij}，其公式为

$$P_{ij} = \frac{X'_{ij}}{\sum_{i=1}^{m} X'_{ij}}, 1 \leqslant j \leqslant n \tag{5-1}$$

（4）计算熵值：计算第j项指标的熵值e_j，其公式为

$$e_j = -\frac{1}{\ln(m)} \sum_{i=1}^{m} p_{ij} \ln(p_{ij}); 1 \leqslant i \leqslant m; 0 \leqslant e_j \leqslant 1 \tag{5-2}$$

（5）计算差异性系数：计算第j项指标的差异性系数g_j，由于差异性系数与熵值呈反向变化，所以差异性系数愈大，熵值愈小，指标评价效果愈显著，其公式为

$$g_j = 1 - e_j; 0 \leqslant g_j \leqslant 1$$

（6）确定指标权重：计算第j项指标的权重w_j，其公式为

$$w_j = \frac{g_j}{\sum_{j=1}^{n} g_i};0 \leqslant w_j \leqslant 1;w_1 + w_2 + \cdots + w_j = 1 \tag{5-3}$$

（7）计算综合得分并排序根据上述步骤取得各项指标的权重w_j，并以此分别乘各省市域的因子得分，即可得到融合水平的综合得分和分项得分，根据得分排序，即可取得省市域的样本各二级指标的评价结果和融合水平的综合评价结果。

5.2.2　新一代信息技术与制造业深度融合的“T-O-V”子系统耦合协调度分析

耦合协调度模型用于分析事物的协调发展水平[133-135]。耦合度指两个或两个以上系统之间的相互作用影响，实现协调发展的动态关联关系，可以反映系统之间的相互依赖、相互制约程度。协调度指耦合相互作用关系中良性耦合程度的大小，它可体现出协调状况的好坏。

耦合协调度模型共涉及3个指标值的计算，分别是耦合度C值、协调指数T值和耦合协调度D值，并且结合耦合协调度D值和协调等级划分标准，最终得出各项的耦合协调程度。根据系统耦合理论，耦合协调度是从量化方面反映不同系统或同一系统内部不同子系统协调演化状况的重要指标。从资源要素来看，我国新一代信息技术与制造业深度融合的协同涉及横向、纵向的复杂联结，各种资源的流动与协调配置，协同过程涉及技术要素投入、组织要素支撑和价值要素转化 3 个相互依存的过程。

定义1：耦合协调过程。

耦合协调过程是一个由若干要素构成的复杂系统$S=f(s_1, s_2, \cdots, s_j)$，其中，$s_j$为第$j$个子系统或要素，$j=1, 2, \cdots, k$。而各个子系统又分别由若干个下属子系统构成，如其中s_{jk}为复合系统s_j的第k个子系统（或基本要素）。考虑了新一代信息技术与制造业深度融合“T-O-V”协同过程系统的特点以及影响协同的各序参量，将协同创新过程这一复杂系统分为技术协同、组织协同和价值协同3个子系统，即此处k=3，s_1为“技术协同子系统x”，s_2为“组织协同子系统”，s_3为

“价值协同子系统”。协同过程就是这3个子系统协同作用的过程。

定义2：系统耦合。

对于子系统s_j，$j\in[1, 2, 3]$，假设耦合协调复杂系统演化过程中的序参量为$e_j=(e_{j1}, e_{j2}, \cdots, e_{jn})$，其中，$n\geqslant 1$；$\beta_{ji}\leqslant e_{ji}\leqslant\alpha_{ji}$；$i\in[1, 2, \cdots, n]$。这里的$\alpha$与$\beta$为系统稳定区域临界点上序参量$e_{ji}$取值的上限与下限，上、下限值的确定需结合系统实际情况考虑。不过，由于慢弛豫参量在临界点处呈现出对于系统有序度而言截然相反的两种功效，其中正功效意指系统有序度随着慢弛豫参量的增大而增加，负功效则指系统有序度随着慢弛豫参量的增大反而呈现降低趋势。一般地，假定e_{ji}的取值越大，系统的有序度越高，其取值越小，系统的有序度越低；假定e_{ji}的取值越大，系统的有序度越低，其取值越小，系统的有序度越高。由此，定义下式为子系统s_j序参量分量e_{ji}的系统有序度：

$$u_j(e_{ji})=\begin{cases}\dfrac{e_{ji}-\beta_{ji}}{\alpha_{ji}-\beta_{ji}}, & \\ & j\in[1,k_1],i\in[k_1+1,n] \\ \dfrac{\alpha_{ji}-e_{ji}}{\alpha_{ji}-\beta_{ji}}; & \end{cases} \tag{5-4}$$

由该定义可知，$u_j(e_{ji})\in[0, 1]$，其值越大，此时e_{ji}对复合系统有序度的“贡献值”就越大。从整体而言，序参量变量e_{ji}对系统s_j有序度的“贡献值”可通过$u_j(e_{ji})$集成实现。系统的整体表现不仅取决于各序参量数值的大小，更重要的是还取决于各要素之间的组合形式。系统的“集成”法则取决于复合系统具体结构所拥有的不同组合形式，本书使用线性加权和法来模拟这种“集成”，即

$$u_j(e_j)=\sum_{i=1}^{n}\lambda_i u_j(e_{ji});\lambda\geqslant 0 \text{ 且} \sum_{i=1}^{n}\lambda_i=1 \tag{5-5}$$

$$C=\left\{\frac{u_1\times u_2\times u_3}{(u_1+u_2+u_3)/3}\right\}^{\frac{1}{3}} \tag{5-6}$$

其中，耦合度的取值C的取值范围为0～1，C越接近1，表示各系统间的耦合度越大；C越接近0，表示各系统间的耦合度越小，各序参量处于无关且无须发展的状态。

$$T=\alpha\times u_1+\beta\times u_2+\gamma\times u_3 \tag{5-7}$$

$$D = \sqrt{C \times T} \tag{5-8}$$

具体耦合协调度D值用于耦合的协调等级及划分标准如表5-3所示，研究人员可根据该标准进行判断。

表5-3　耦合协调度等级划分标准

耦合协调度D值区间	协调等级	耦合协调程度
（0.0～0.1）	1	极度失调
[0.1～0.2）	2	严重失调
[0.2～0.3）	3	中度失调
[0.3～0.4）	4	轻度失调
[0.4～0.5）	5	濒临失调
[0.5～0.6）	6	勉强协调
[0.6～0.7）	7	初级协调
[0.7～0.8）	8	中级协调
[0.8～0.9）	9	良好协调
[0.9～1）	10	优质协调

耦合度C是对系统间关联程度的度量，只反映各系统间相互作用程度的大小，不能反映各系统的水平。而耦合协调度D既可以反映各系统是否具有较好的水平，又可以反映系统间的相互作用关系。

5.3　我国新一代信息技术与制造业深度融合的区域评估与行业分析

我国已连续11年成为世界最大的制造业国家，对世界制造业贡献的比重接近30%，但与此同时，区域和省际之间的高质量发展水平仍存在差距。按照2021年中国规模以上工业营收排行，以省级行政区为单位，规模以上工业营收超过10万亿的共有3个，依次为：广东、江苏、山东；处在9万亿的共有1个，即：浙江；处在6万亿级的共有1个，即：福建；处在5万亿级的共有3个，依次为：河南、四川、河北；处在4万亿级的共有5个，依次为：湖北、安徽、上海、江西、湖南；处在3万亿级的共有2个，依次为：辽宁、山西；处在2万亿级的共有6个，依次为：陕西、北京、重庆、内蒙古、天津、广西；处在1万亿级的共有4个，依次为：云南、新疆、吉林、黑龙江；不足1万亿的共有6个，依次为：贵州、甘肃、宁夏、青海、海南、西藏。综合考虑工业营收等级和区域差异，筛选出东部（上海市、江苏省、山东省、浙江省、广东省）、中部地区（河南省、湖北省）、西部地区（重庆市、四川省）和东北地区（辽宁省、吉林省），共对11个观察省区市进行研究。在区域评价中，用各省区市规模以上工业营收描述各省区市的权重，而工业互联网标识注册量、千兆以上主干网介于用户数等指标考虑企业数量后更加科学。

表5-4　2021年中国11省区市规模以上工业营收和企业数量

区域	东部					中部		西部		东北	
省份	广东	江苏	山东	浙江	上海	河南	湖北	重庆	四川	辽宁	吉林
工业营收	16.98	14.99	10.23	9.80	4.42	5.400	4.922	2.71	5.26	3.52	1.13
企业数量	58 763	51 323	30 647	49 177	8 879	20 133	16 181	7 011	15 611	7 937	3 109

注：工业营级和企业数量的单位分别为万亿元和万家。

5.3.1　新一代信息技术与制造业深度融合的省域评估分析

数据来自公开统计数据与专家打分，主要数据来源包括中国两化融合服务平台、《中国智能制造产业园区地图》。部分指标虽与本指数体系具有相关性，但由于数据无法统计获得，因此并未纳入指数体系中。指数体系虽未完全达到指标穷尽要求，但重要指标已全部包含在内，且完全可以反映11个省域单位的融合发展水平，故本水平评价体系计算结果具有科学性和可信性。

不同于消费互联网的域名机制，标识是支撑工业互联网互联互通的“神经中枢”，将制造业中的设备、机器和物料等要素通过解析技术建立统一的身份认证。目前，我国标识解析体系建设取得阶段性成果，已形成北京、广州、上海、武汉、重庆五大国家顶级节点，其余27个省区市累计注册量超千亿，接入企业节点超过9万家。

中部地区百兆及以上接入用户渗透率小幅领先，东部地区千兆用户发展较快。截至2022年4月末，东部、中部、西部和东北地区100 Mbps及以上固定宽带接入用户渗透率分别为93.1%、94.4%、93.1%和93.5%。东部、中部、西部和东北地区1 000 Mbps及以上接入速率的宽带接入用户分别达2 728万、996.4万、1 233万和93.4万户。

2021年，我国累计建成并开通5G基站142.5万个，网络规模世界第一。5G用户数超过3.55亿，“5G+工业互联网”项目超过2 000个。截至2022年4月末，东部、中部、西部和东北地区5G基站数分别达到79万、33.5万、38.6万和10.4万个，占本地区移动电话基站总数的比重分别为18.1%、15.2%、13.5%和15.2%。5G移动电话用户分别达18 569万、9 545万、10 517万和2 624万户，占本地区移动电话用户总数的比重分别为25.7%、24.9%、24%和22.4%。

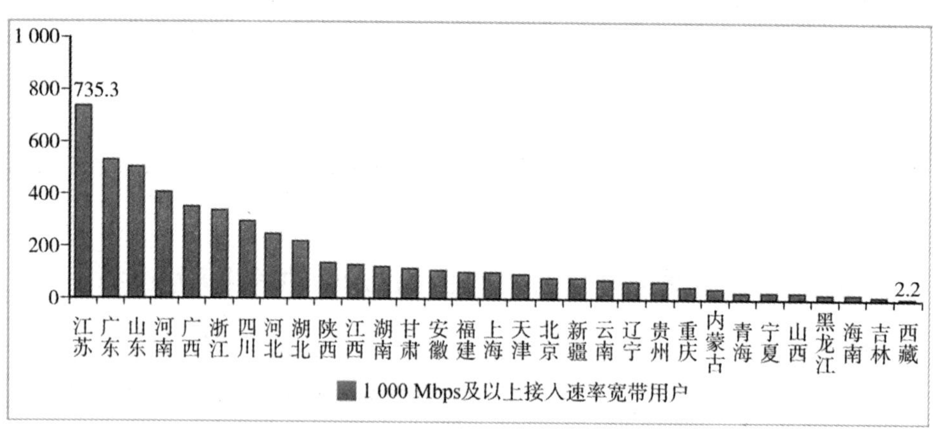

图5-3　中国各省区市1 000 Mbps及以上接入速率的宽带接入用户情况

表5-5　2021年底中国各省区市5G基站数量排名

基站排名	省区市	5G基站数量/万	每万人拥有基站数量	人均基站排名
1	广东	17.00	13.39	9
2	江苏	13.00	15.28	7
3	浙江	11.60	17.74	6
4	山东	10.10	9.90	16
5	河南	9.71	9.77	17
6	重庆	7.00	21.81	3
7	四川	6.60	7.89	26
8	河北	6.25	8.38	23
9	江西	6.00	13.27	10
10	湖南	5.60	8.42	21
11	北京	5.54	25.30	2
12	湖北	5.50	9.43	19
13	上海	5.40	21.69	4
14	福建	5.25	12.53	11
15	安徽	5.10	8.35	24
16	辽宁	5.00	11.74	13
17	广西	4.30	8.53	20
18	天津	4.00	29.20	1
19	黑龙江	3.70	11.82	12
20	贵州	3.20	8.29	25
21	云南	3.00	6.36	29
22	陕西	2.70	6.82	28
23	吉林	2.30	9.58	18
24	山西	2.18	6.26	30
25	内蒙古	2.02	8.42	21

续表

基站排名	省区市	5G基站数量/万	每万人拥有基站数量	人均基站排名
26	新疆	1.93	7.45	27
27	甘肃	1.55	6.22	31
28	海南	1.50	14.85	8
29	宁夏	0.76	10.54	15
30	西藏	0.67	18.33	5
31	青海	0.64	10.77	14

从工商统计数据来看，北京、上海、广东、山东、江苏和浙江六省区市拥有人工智能企业均超过1万家，分布较为密集。尤其是广东超过4万家，江苏超过2万5千家，位居前两位。

机架数是衡量数据中心规模的核心指标。2020年中国数据中心机万架数为428.6万架，北京及周边地区93.7万架；上海及周边地区108.9万架；广州、深圳及周边地区58万架；中部地区67.1万架；西部地区88.1万架；东北地区12.8万架。

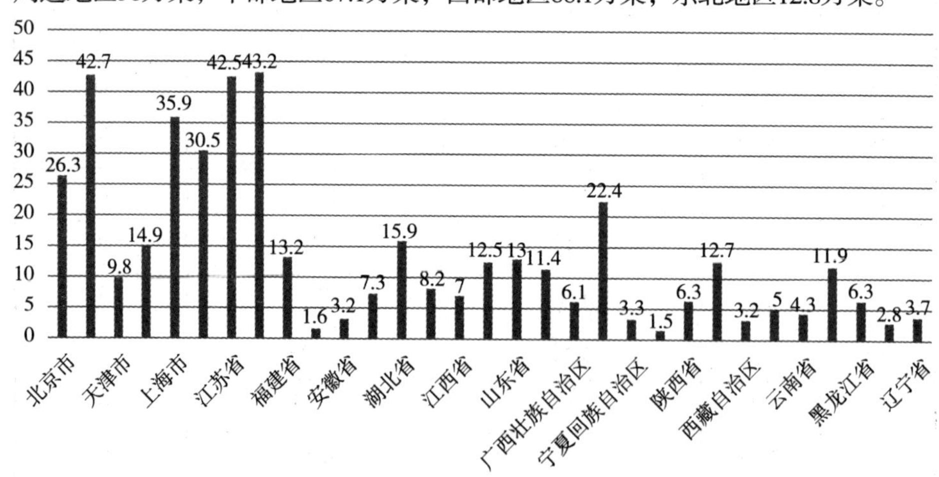

图5-4　2021年中国各省区市数据中心机架数

全国各省区市响应国家政策号召，陆续出台政策规划来促进工业互联网行业的发展。根据“是否有明确指标”可将这些省区市划分为三类：有明确指标、无明确指标但是最新政策出台时间为2020年，以及无明确指标且最新政策出台时间为2020年前。

可以看出我国工业互联网规划表现最为积极的是南方地区以及中部地区，其中有明确指标的省区市更是达到了17个。如广东省规划到2025年将再形成1~2家达到国际水准的工业互联网平台，在工业互联网创新发展、技术产业体系构建及融合应用方面达到国际先进水平。

智能制造产业园作为我国智能制造产业的重要承载地和孵化器，发展迅速，风头正盛。我国共有537家智能制造类产业园区，范围涉及全国27个省区市。具体来看：环渤海地区，北京和山东撑起了大部分份额，天津智能制造园区多集中于“世界级先进制造产业基地”滨海新区，河北省存在感依旧不强；长三角地区智能制造产业最为发达，相关园区达152家，占全国近三成，其中南京、上海、杭州、苏州、无锡五市的园区数量已超过60家；珠三角地区作为传统制造业重地，智能制造实力可观，广东省智能制造园区有59家，仅广州和深圳两市就贡献了近半份额。中部六省共有智能制造类产业园109家，占比达20.2%，表现抢眼。

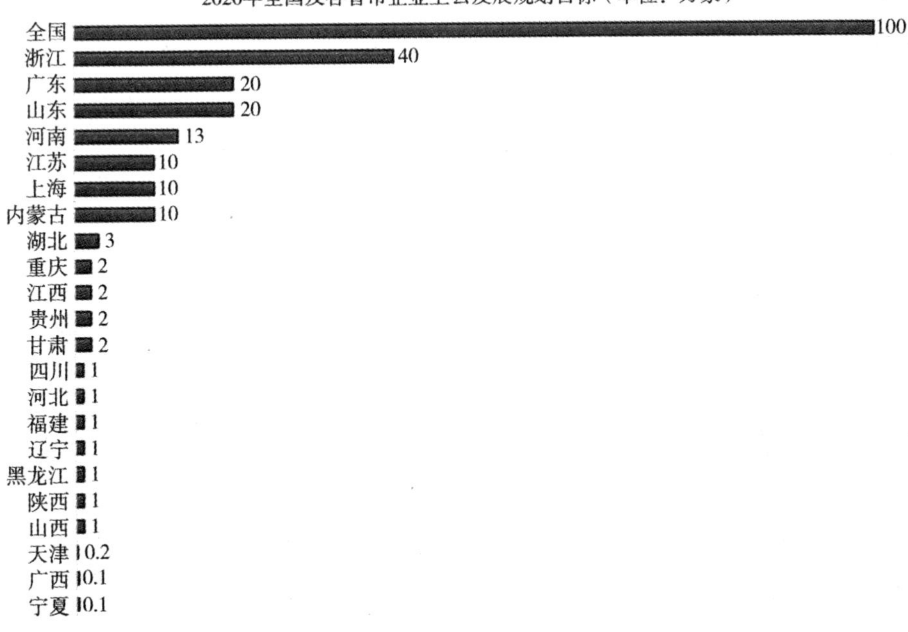

图5-5　2020年中国各省区市企业上云发展规划目标

纵观全球，工业软件巨头均诞生于工业制造强国[136]，我国作为全球唯一具有完整工业体系的国家，具备诞生全球工业软件巨头的基础。2019年，我国工业软件产品收入为1 680亿元，市场规模仅占全球的5.73%，远低于工业产值规模在全球28.4%的占比，渗透率提升空间非常大。发展到目前，软件对社会发展的影响越来越大，而软件产业也成为信息产业的核心，是信息社会的基础性、战略性产业。2021年中国软件和信息技术服务企业超过4万家，其中数量最多的是江苏省，有6 573家；第二是广东省，有5 138家；第三是山东省，有4 437家。

进一步从利润总额来看，2021年，我国累计完成软件业务收入94 994亿元，其中广东省完成利润总额1 191亿元，位于全国第一；第二是北京市，完成利润总额806亿元；江苏省排名第三，完成利润总额782亿元。

智能制造示范工厂在制造技术突破、工艺创新、场景集成和业务流程再造等方面发挥示范带动作用，也体现了省份的科技创新能力和智能化产业发展水平。工信部公示的2021年度示范工厂共110个，除了云南、青海、西藏3省区市外，数量最多的为广东，有13家，第二名是山东，共12个，浙江（10家）、江苏（9家）尾随其后。

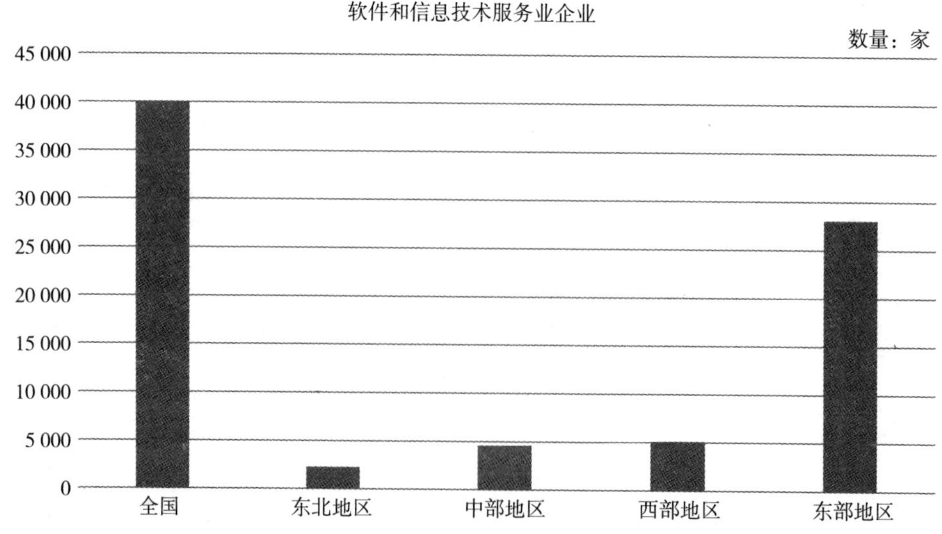

图5-6　2021年中国各区域软件和信息服务企业数量

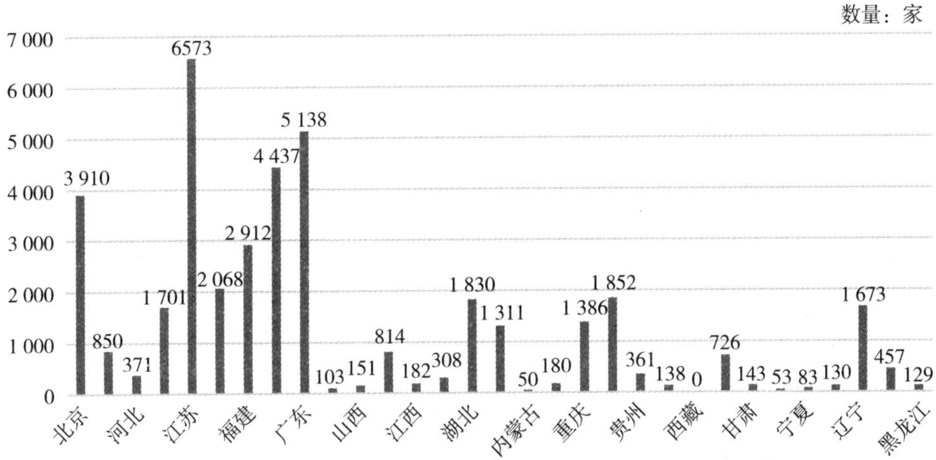

图5-7　112021年中国各省区市软件和信息服务企业数量

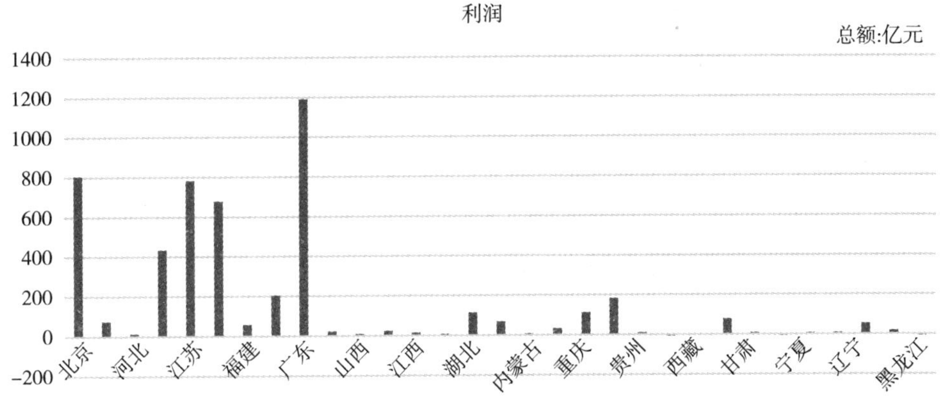

图5-8　2021年中国各省区市软件和信息服务企业利润

智能制造优秀场景是针对生产过程新一代信息技术的深度融合的关键需求和发展着力点，一般可分为八大场景，其中自适应控制、生产工艺优化等六大场景着眼于产线的微观环节，数据移动在线、产销协同与柔性制造两大场景着眼于宏观智能。2021年工信部公布的国家级智能制造优秀场景为241个，其中数量最多为山东省，共21个；第二是上海市，共20个；第三是河南省，共18个。除此之外，河北省、江苏省、浙江省、江西省、湖北省和广东省的智能制造优秀场景都超过10个。

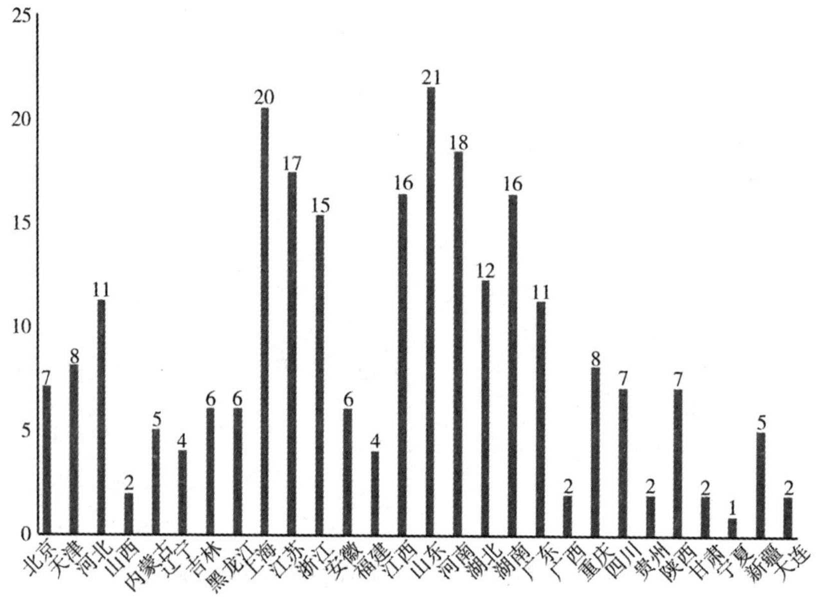

图5-9　2021年度国际级智能制造优秀场景分布（单位：个）

工业互联网APP是基于工业互联网、承载工业知识和经验、满足特定需求的工业应用软件[137]，是工业技术软件化的重要成果。工业和信息化部从2018年起开始评选工业互联网APP优秀解决方案，其中2018年共评选89项，2019年共评选125项，2021年评选除132项，经整理，我国各省区市2018、2019和2021三年度以及总人选数见图5-10。

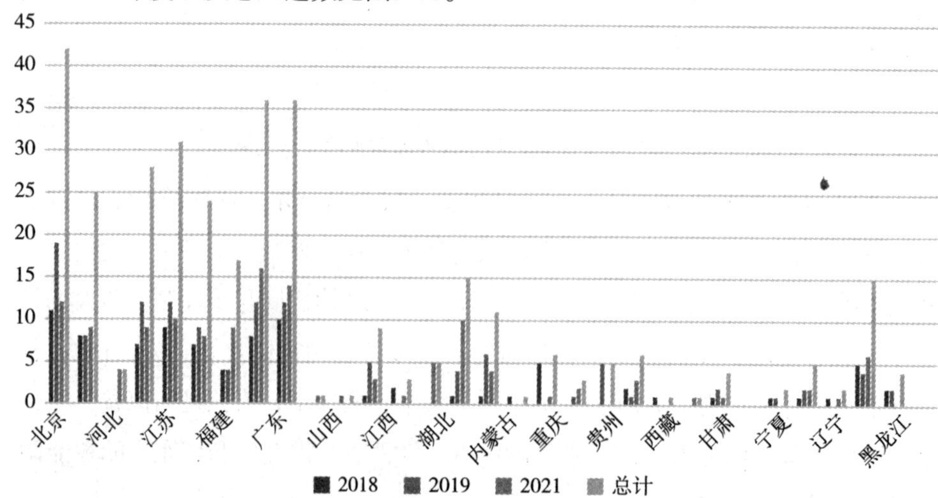

图5-10　2021年国家级工业互联网优秀APP省区市分布

“灯塔工厂”有智能制造“奥斯卡”之称[138]，是由达沃斯世界经济论坛和麦肯锡咨询公司共同遴选的“数字化制造和全球化4.0示范者”，代表全球制造业领域智能制造和数字化最高水平。自2018年起，世界经济论坛联合麦肯锡从全球上千家工厂中评选认证具有表率意义的“灯塔工厂”，自2018年开始，目前全球已经有103家灯塔工厂，其中37家位于中国，占比超过1/3，为世界第一。

表5-6　中国37家“灯塔工厂”名单

企业名称	所在地	入选时间	企业名称	所在地	入选时间
京东方科技集团	福建福州	2022.03	青岛啤酒	山东青岛	2020.09
博世	湖南长沙	2022.03	纬创	江苏苏州	2020.09
海尔	河南郑州	2022.03	阿里巴巴	浙江杭州	2020.09
美的	湖北荆州	2022.03	美光科技	台北台中	2020.09
美的	安徽合肥	2022.03	美的	广东广州	2020.09
宝洁	广东广州	2021.09	联合利华	安徽合肥	2020.01
友达光电	台湾台中	2021.09	宝山钢铁	上海	2020.01
宁德时代	福建宁德	2021.09	福田康明斯	北京	2020.01
中信戴卡	河北秦皇岛	2021.09	海尔	辽宁沈阳	2020.01
富士康	湖北武汉	2021.09	强生医疗	江苏苏州	2020.01
富士康	河南郑州	2021.09	宝洁	江苏苏州	2020.01
海尔	天津	2021.09	潍柴	山东潍坊	2020.01
群创广电	台北高雄	2021.09	上海大通	江苏南京	2019.07
三一	北京	2021.09	但凡斯商用压缩机	天津	2019.01
施耐德电气	江苏无锡	2021.09	富士康	广东深圳	2019.01
联合利华	江苏苏州	2021.09	博世汽车	江苏无锡	2018.09

续表

企业名称	所在地	入选时间	企业名称	所在地	入选时间
博世	江苏苏州	2020.09	海尔	山东青岛	2018.09
富士康	四川成都	2020.09	西门子工业自动化产品	四川成都	2018.09
美的	广东佛山	2020.09			

从省区市来看，和“灯塔工厂”的分布一样，三大经济强省——广东、江苏、山东上榜工厂数依然稳居全国前列；不同的是，三省之间的差距有所缩小——分别上榜13家、9家、12家，并且相比“灯塔工厂”数遥遥领先的江苏，广东和山东在“示范工厂”揭榜单位数量上更具优势。“灯塔工厂”数量相对较少的浙江，入选“示范工厂”揭榜单位数达到9家，与江苏并列全国第三。此外，湖南、陕西、内蒙古、宁夏等上榜单位数位列全国省区市前十强，均为4家或以上。

表5-7　我国各省市新一代信息技术与制造业深度融合评估指标数据（单位：个）

省区市	上海市	江苏省	浙江省	山东省	广东省	河南省	湖北省	重庆市	四川省	辽宁省	吉林省
工业互联网标识注册量/亿	82	65	50	64.5	98	30	36	31	25	1.5	1.11
1 000 Mbps及以上接入速率的宽带接入用户	100	735.7	333	467	500	367	200	50	283	60	16
5G基站规模	5.4	13	11.6	10.1	17	9.71	5.5	7	6.6	5	3.7
人工智能企业数	17 516	25 733	17 516	17 743	44 307	7 230	6 881	3 985	7 025	3 276	1 371
数据中心机架数	35.9	42.5	30.5	13	43.2	7.3	15.9	11.9	12.7	3.7	6.3
数字化研发工具普及率/%	87.8	87.9	87	87	80.9	79.8	76	80.7	79.6	73.8	51.5
生产设备数字化率/%	55.6	58.4	57.1	56.2	51.8	54.4	51.1	51.5	50.2	44.4	44.8
关键工序数控化率/%	55.2	60.1	59.7	59.2	55.2	52.9	57.9	58.8	52.6	55.2	43.6
工业互联网规划情况/万家	2	2	2	2	3	3	3	3	3	3	2
智能制造产业园数/个	13	79	39	43	59	38	22	23	22	12	8
企业上云发展规划企业数	10	10	40	20	20	13	3	2	1	1	1
工业电子商务普及率/%	67.2	76.2	72.5	76.1	68.4	69.7	64.4	68.4	72	52.8	47.6
工业互联网平台普及率/%	19.1	18.1	19.1	17.8	19.5	7.6	9.3	8.1	12.1	5.5	4.1
工业云平台应用率	62.7	58.2	66.1	62.3	47.5	49.5	50.8	50.7	57.1	36.3	41.3
开展个性化定制的企业比率	16.1	18	20.7	17.9	12.3	10.1	9.9	10.9	17.8	4.7	3.6

续表

省区市	上海市	江苏省	浙江省	山东省	广东省	河南省	湖北省	重庆市	四川省	辽宁省	吉林省
开展服务型制造的企业比率	44.4	44.9	48.1	45.9	34.2	27.6	27.6	31.9	43.3	18.6	32.8
开展网络化协同的企业比率	45.4	50	41.4	50	41.2	31	31.4	39.4	40.6	33.1	28.4
智能制造就绪率	15.1	19.9	20	19.8	12.9	12.9	12.4	16.2	18.9	8.2	7.7
国家智能制造示范工厂数	9	31	24	36	36	5	11	3	5	15	0
智能制造示范工厂数量	51	24	22	28	24	20	14	8	8	8	7
世界灯塔工厂数	1	8	1	3	4	1	2	0	2	1	0
国家智能制造优秀场景数	20	27	15	21	11	18	12	8	7	6	6
工业互联网优秀APP	28	31	24	36	36	5	15	3	5	15	0
工业软件和信息技术服务业收入情况	1 701	6 573	2 068	4 437	5 138	308	1 830	1 386	18 52	1 672	129

采用熵权法进行指标权重求解，24个指标的权重如表3-8所示，在计算过程中，为了保证科学性和合理性，工业互联网标识注册量、5G基站规模和智能制造产业园数量等6项指标进一步考虑了各省区市企业数量的差异。需要指出的是，由于归一法的不同会略有差别，本书为了求解方便、没有对零值进一步处理。

表5-8　中国新一代信息技术与制造业深度融合评估指标权重

指标	权重/%
工业互联网标识注册量/亿	4.0
1 000 Mbps及以上接入速率的宽带接入用户	3.9
5G基站规模	6.7
人工智能企业数	5.8
数据中心机架数	5.1
数字化研发工具普及率	1.4
生产设备数字化率	3.0
关键工序数控化率	1.5
工业互联网规划情况/万家	7.1
智能制造产业园数	3.9
企业上云发展规划企业数	5.0
工业电子商务普及率	2.0
工业互联网平台普及率	3.6
工业云平台应用率	2.5
开展个性化定制的企业比率	3.0
开展服务型制造的企业比率	2.3
开展网络化协同的企业比率	3.5
智能制造就绪率	3.2
国家智能制造示范工厂数	4.7

续表

指标	权重/%
智能制造示范工厂数量	6.6
世界灯塔工厂数	6.5
国家智能制造优秀场景数	5.8
工业互联网优秀APP	4.2
工业软件和信息技术服务业收入情况	4.7

根据熵的特性，熵值可以用来判断一个事件的随机性及无序程度，也可以用熵值来判断某个指标的离散程度，指标的离散程度越大，该指标对综合评价的影响（权重）越大。由表5-8可见，二级指标新一代新基础设施中5项三级指标5G基站规模、人工智能企业数和数据中心机架数3项指标的权重都大于5%，这说明对于现阶段，各省区市在这三项的差异较大，属于融合水平的关键因素，1 000 Mbps 及以上接入速率的宽带接入用户权重为39%，属于次要指标；二级指标政策规划中工业互联网规划情况（万家）、企业上云发展规划企业数权重也超过5%，合计超过12%，这说明各省市的政府决策也会较大程度上影响融合水平；智能制造示范工厂数量、世界灯塔工厂数权重都超过6%，这说明各省区市在高水平智能工厂建设及示范效应方面存在较大差异，此外，国家智能制造优秀场景数5.8%，证明了新一代信息技术与制造业融合的场景探索已处于积极探索的爆发期，工业软件和信息技术服务业收入情况4.7%的权重则说明其成为新的价值增长点。

将制造业融合水平定为100分值，将指标权重与11个省区市的24项指标相乘，获得表5-9中的融合水平指数和以及11个省区市的融合水平排名。

表5-9　我国各省市域的新一代信息技术与制造业融合水平指数

省市	融合水平指数	11省区市融合水平排名
上海市	60.1	2
江苏省	67.0	1
浙江省	48.5	5

续表

省市	融合水平指数	11省区市融合水平排名
山东省	59.4	3
广东省	53.7	4
河南省	32.4	8
湖北省	29.4	9
重庆市	34.4	6
四川省	33.2	7
辽宁省	18.7	11
吉林省	19.8	10

如表5-9所示，我国新一代信息技术与制造业深度融合整体仍处于探索和试点示范阶段，其中江苏融合水平暂列各省区市第一，但融合水平指数也仅为67.0分，上海、山东、广东分别属于前4位，重庆、四川、河南、湖北相对处于同一水平，辽宁和吉林则由于人工智能企业数量、数据中心建设、工业互联网平台普及率、智能工厂和信息软件服务业等因素存在不足，评分相对较低。

5.3.2　新一代信息技术与制造业深度融合的行业评估分析

不同行业有不同行业的规律，不同阶段又有不同阶段的规律，要找出能适用于所有行业和阶段的普适性规律是非常难的。新一代信息技术与制造业各细分行业深度的进程步伐有快有慢，受信息化颠覆的影响存在较大差异。以上海制造业“十四五”期间提出的“3+6”产业体系为例，具体来说新一代信息技术与制造业融合的需求和主要趋势，如表5-10所示。

表5-10　上海“十四五”产业体系与的新一代信息技术融合方向

行业	上海现状	行业痛点	主要趋势
集成电路	芯片设计领先，企业数量多，打破全球价值链由大型跨国公司主导的既往模式	技术壁垒高、材料研发困难、西方对高端装备全面封堵	设计制造数字化、设备国产化、创新生态化

续表

行业	上海现状	行业痛点	主要趋势
生物医药	中国现代生物医药行业的发源地、产业基础环境较好、技术成果转化率较低	关键核心技术和产品攻关、基础研究相关性强、产品与用户关系间接、流通体系复杂	辅助研发、数字化管理
电子信息	面临着规模大而缺乏增量、体系全而缺乏生态、技术进步而创新不足	产业链附加值低、固定成本高、可变成本低，研发投资高、生产制造成本相对低	由资本技术密集型走向技术密集及高附加值产业、消费互联向产业互联，应用互联的转变、产品之争向平台之争的转变
生命健康	起步晚且技术落后，在高端市场所占份额较小	核心技术和核心元器件自主创新、智能医疗生态系统	促进生命健康和信息技术融合发展，提升产品智能化水平，发展智慧引领、普惠民生的健康服务新业态、新模式
汽车制造	供应链高度分散、生产工艺复杂、研发周期长、同质竞争	供应链高度分散、生产工艺复杂、研发周期长、同质竞争	产品智能化、服务盈利、网络化协同、定制生产、
高端装备	重点领域国内领先优势，但对标国际，还存在较大差距，不少关键战略环节受到制约	工业“四基”薄弱，成套设备、整机产品陷入“空壳化”、患上“软骨病”	全面推进装备数字化转型，实施“双数”工程
先进材料	创新平台引领带动，隐形冠军企业不断涌现	企业数量多、产业集中度低，部分领域产能高、效率低，同质化竞争激烈、高端供给不足	数字化关联、材料工业核心软件、数字赋能研发的平台建设和业态创新、行业专业服务商
时尚消费品	市场消费产业在国内处于引领地位	大规模定制化的趋势、部分企业仍沿用劳动密集型生产模式营销渠道单一、服务水平不高	拥抱数字化，拓宽营销渠道，对公司的流程进行优化

以新一代信息技术中的工业互联网为例，其广泛用于通用设备、石化、家电及能源等多个行业，在政策推进、技术迭代更新和企业发展内在需求的综

合作用下，融合应用的广度、深度不断拓展，基于网络化资源汇聚的新模式、新业态不断涌现，有力地推动了工业企业数字化、智能化转型，工业互联网行业应用情况如图5-11所示，家电企业领跑“中国智造”。

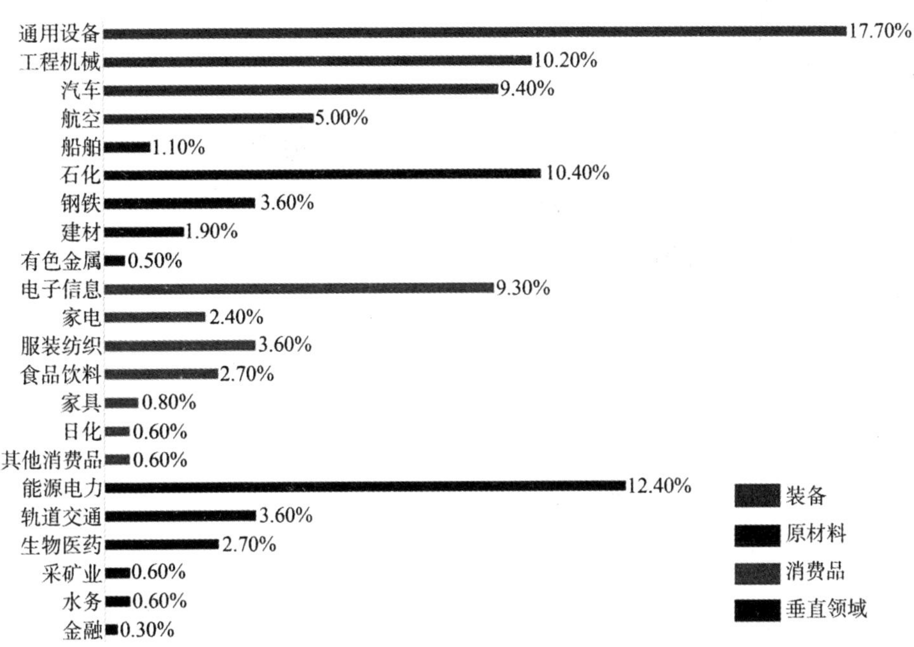

图5-11 工业互联网与制造业不同行业的融合现状和融合潜力

新一代信息技术与制造业细分行业融合水平呈现三个梯队：以通信设备、计算机、电子元器件、家电和汽车制造为代表的新一代信息技术“领导者”，以钢铁、机械制造为代表的“探索者”，以及以纺织、食品和轻工为代表的“观望者”。在新一代信息技术“领导者”中，通信设备、计算机制造等行业适逢中国制造快速发展的机遇期，两化融合基础好，快速实现融合发展。“领导者”中的汽车制造业工艺流程复杂、环节繁多，车企的技术、资金实力雄厚，如汽车打造智能工厂，利用“传感器+物联网”实现汽车生产全过程的实时监控、自动协同，信息化技术价值凸显。新一代信息技术 “探索者”中的机械、石化化工等行业大多属于流程工业，生产过程要求严苛，工业自动化基础较好，但行业更新换代较慢，融合进程落后于“领导者”。新一代信息技术 “观望者”中的食品、轻工等行业，多数为劳动密集型产业，信息化基础薄弱，新一代信息技术融合能力和动力皆不足，发展相对落后。“三梯队”中不同行业呈现“领导者”全面引领、均衡发展，“跟随者”重点突破、快步前进，“观望者”开始觉醒、启动摸索的融合加速转型态势。具体融合潜力及融合程序见图5-12。

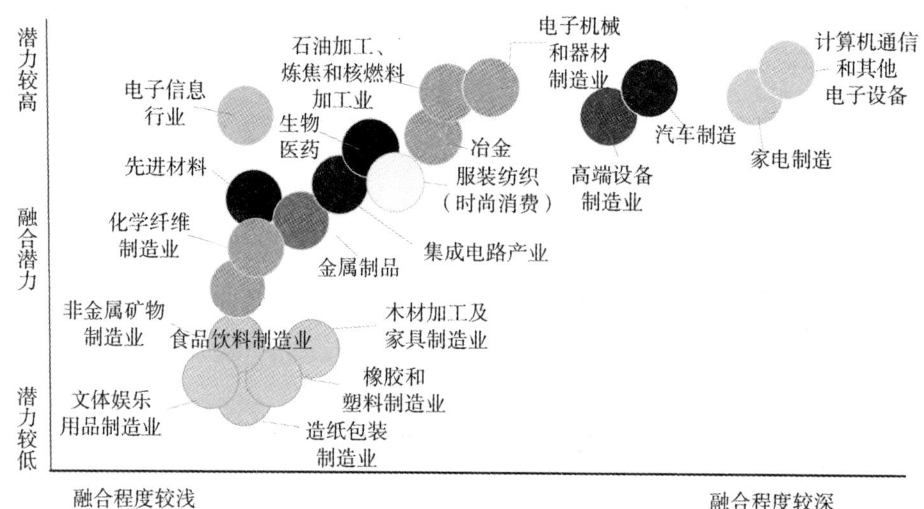

图5-12　新一代信息技术与制造业细分行业融合潜力与融合程度

5.4　我国新一代信息技术与制造业深度融合的现状和主要问题

2020年中央全面深化改革委员会审议通过了《关于深化新一代信息技术与制造业融合发展的指导意见》，2021年工信部正式印发了《“十四五”信息化和工业化深度融合发展规划》，加快新一代信息技术与制造业的深度融合，但实现整体融合成功任重道远，存在着诸多挑战。充分把握新一代信息技术与制造业融合的现状有助于进一步推动符合我国国情的融合路径并给出应对建议。

1. 融合基础不断夯实，深度融合整体仍处于探索阶段

我国加快新型基础设施建设，数字化产业支撑能力获得显著成效，如2021年5G基站建设规模居全球第一，5G终端连接数在全球占比超过80%，工业互联网标识解析体系已经完成夯基架梁，步入全球前列。同时，技术产业基础日益坚实，规模以上电子信息制造业实现营业收入14.1万亿元，软件业务收

入达到9.5万亿元，相比于2012年，分别增长2倍和3.8倍，支撑制造业生产方式、企业形态和业务模式等加速变革。

尽管融合基础建设不断深入，但新一代信息技术和制造业深度融合整体仍处于探索阶段，由图5-13可见，2021年我国11个主要工业省区市平均分为41.5分，江苏评分超过60分，上海、山东和广东3省市评分接近60，河南、湖北、重庆和广东基本相近，辽宁和吉林省低于20，总体来看，所有省区市评分仍需进一步提升，这说明我国新一代信息技术与制造业深度融合整体仍处于探索阶段。

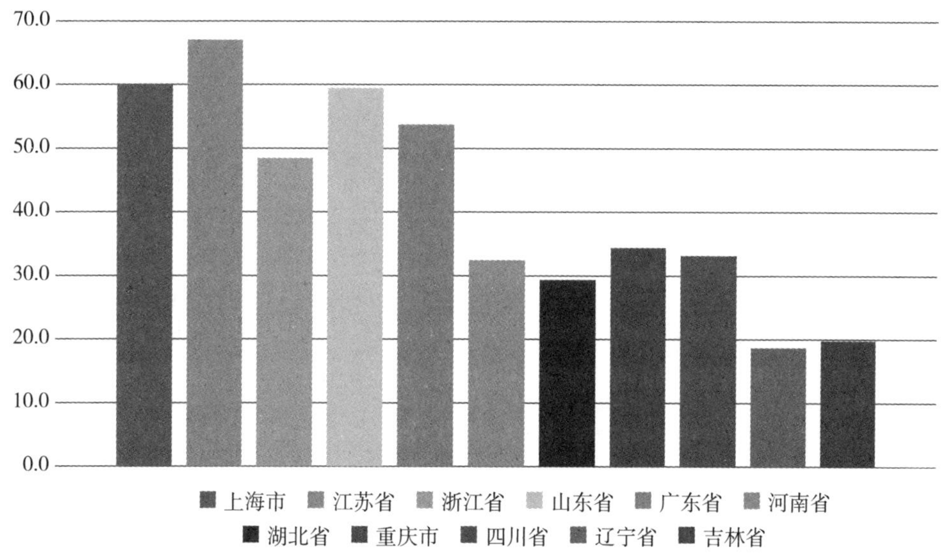

图5-13　我国各省区市新一代信息技术与制造业融合水平及对比

2. 我国新一代信息技术与制造业深度融合的区域之间发展不平衡

进一步考虑区域的差异性，见图5-14，由于我国各区域信息化基础和制造业基础存在差异，我国区域间的不平衡问题在新一代信息技术与制造业的融合也有体现。东部地区融合水平最好，为57.7分；中部和西部制造业先进省区市基本相当，分别为30.9和33.8，由于中部省区市较多，且本书选取得都是较为先进的省区市，可能仍需进一步分析更多省区市，但由于所选省区市在各区域制造业份额中占比较大，所以结论具有一定代表性。

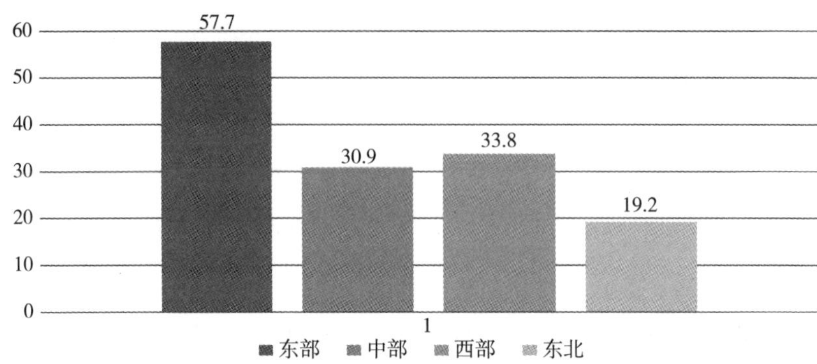

图5-14　中国各区域新一代信息技术与制造业融合水平

3. 我国新一代信息技术与制造业深度融合的“T-O-V”要素发展不均衡

从图5-15的“T-O-V”雷达图可见，我国整体的新一代信息技术要素“T”相对于组织要素“O”和价值要素“V”相对较低，“十三五”以来，我国全面部署5G、工业互联网及数据中心等新一代信息通信基础设施建设，以数据中心、云计算和边缘计算等设施构成的多层次算力融合协同体系正在形成。生产全过程的数字化改造水平不断增强，2021年制造业重点领域关键工序数控化率、数字化研发设计工具普及率分别达70.9%和74.7%，比2012年分别提高46.3个和25.9个百分点，但新一代信息技术使用的基础能力不断提升，但目前除上海市、江苏省和广东省相对较强外，其他省区市仍需持续推进新一代信息技术的融合应用，将新成果广泛应用到生产制造领域。

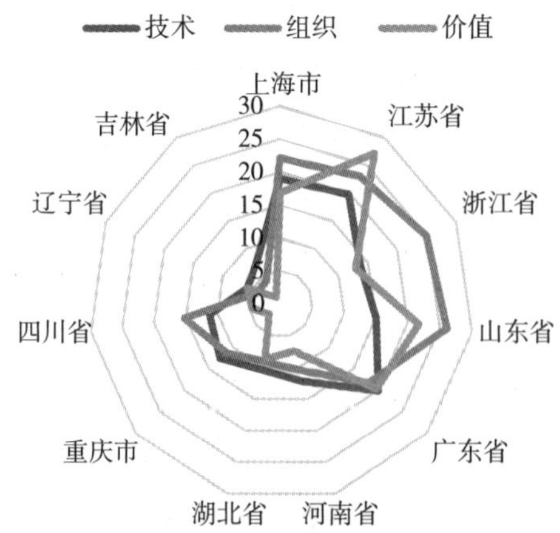

图5-15　中国各省区市新一代信息技术与制造业融合“T-O-V”要素雷达图

进一步地，计算“技术-组织-价值”3要素的耦合度及耦合协调度，由表5-11可见，其中江苏省为优质协调，这说明制造业中的新一代信息技术、产业组织和价值实现3方面进展较为充分、平衡，上海市、山东省和广东省3个区域为良好协调，辽宁省和吉林省则处于严重失调水平，需要进一步提升。

表5-11　各省市“T-O-V”三要素协调程度

省区市	技术	组织	价值	耦合度C	协调指数T值	耦合协调度D值	协同度	协调程度
上海市	0.93	0.83	0.60	0.98	0.79	0.88	9	良好协调
江苏省	0.99	0.87	1.00	1.00	0.95	0.97	10	优质协调
浙江省	0.57	0.96	0.45	0.95	0.66	0.79	8	中级协调
山东省	0.66	1.01	0.79	0.98	0.82	0.90	9	良好协调
广东省	1.01	0.65	0.71	0.98	0.79	0.88	9	良好协调
河南省	0.46	0.30	0.24	0.96	0.33	0.57	6	勉强协调
湖北省	0.33	0.24	0.29	0.99	0.29	0.53	6	勉强协调
重庆市	0.49	0.34	0.05	0.67	0.29	0.44	5	濒临失调
四川省	0.40	0.52	0.13	0.86	0.35	0.55	6	勉强协调
辽宁省	0.01	0.01	0.18	0.40	0.07	0.16	2	严重失调
吉林省	0.11	0.01	0.00	0.27	0.04	0.11	2	严重失调

同时，东部地区整体的技术、组织和价值3要素都超过中部、西部和东部区域的水平，并且上海、浙江三要素的协调度较高，浙江、山东在组织要素较为突出，但技术要素方面有所欠缺。

4. 新一代信息技术自身成熟度不足，与制造业的深度融合进入深水区

从技术角度来看，新一代信息技术本身仍有不少关键技术问题亟待解决，应用场景主要集中于商业领域，因受专用性限制以及数据量的影响，融合场景主要是在非制造的研发、售后服务等环节，其集成应用实践大多以点状探索和增量式创新为主，应用的深度不足。如人工智能主要聚焦在视觉识别领域，在智能研发、设备预测性维护等与工业机理深度融合的领域实践还有待提升。另一方面，我国制造业发展水平参差不齐，新一代信息技术应用的前期投

入较高，大中小发展水平参差不齐，仍需形成融通开放的产业生态，以实现大规模的商业化发展。

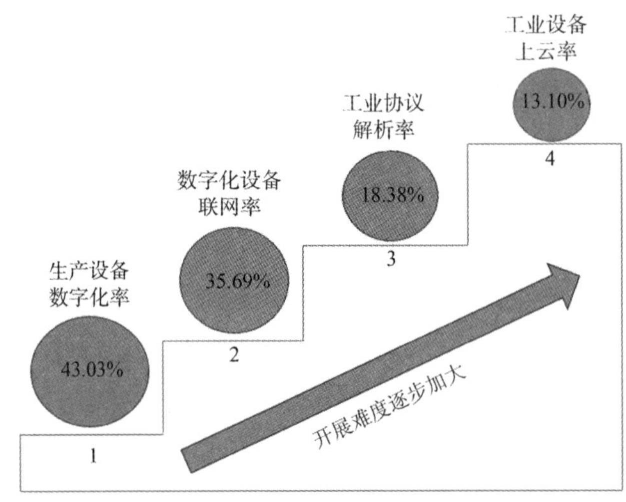

图5-16　2020年中国工业互联网设备上云情况

此外，我国新一代信息技术与制造业深入融合进入深水区，技术难度开始加大，如2020年我国工业设备上云率总体为13.1%。工业设备上云的前置条件依次是生产设备数字化、数字化设备联网与工业协议解析。在我国工业设备领域，生产设备数字化和数字化设备联网已经初具规模，工业协议解析率偏低严重制约了工业设备上云。

5. 顶层规划扮演重要作用，融合发展的战略部署愈加全面深化

早在2016年，习近平总书记就指出，要加强信息基础设施建设，强化信息资源深度融合。《中国制造2025》指出，以加快新一代信息技术与制造业融合为主线，创新、发展、转型成为与制造业融合推进的关键词。工信部在打造试点示范项目、提升行业服务能力及加快工业互联网平台建设等领域制定了系列行动计划和实施方案，各省市地方部门也因地制宜地出台一批支持融合发展的政策措施。

随着两化融合工作的深入推进、优秀企业的示范带动、技术的扩散和成效开始显现，社会各界对两化融合对经济高质量发展的重要促进作用共识不断加强，政策规划的综合权重为16%，可见现阶段政策对新一代信息技术与制

造业融合的影响仍较为关键。另外，一些两化融合发展水平相对落后的中西部省区市企业参与并推进企业两化融合的主动性、积极性不断提高，融合发展水平正加快追赶，由图5-14可见，重庆和四川等省份融合水平明显快于同水平省份。

6. 工业互联网平台赋能作用持续显现，应用推广深度广度仍不够

工业互联网平台正成为制造业数字化转型的基础支撑和生态载体，主要体现在体系架构完善、平台体系建设、工业软件研发、标识解析布局、企业应用实践及安全保障构筑等方面。我国目前具有行业、区域影响力的工业互联网平台超150家，连接工业设备超过7 800万台（套），服务工业企业超过160万家，工业APP达到2 120个，赋能企业加速转型的作用日益彰显。

表5-12　我国工业互联网发展成效

方面	具体内容
网络方面	标识解析体系：五大国家顶级节点，工业互联网标识注册量超千亿，日解析量超过9 000万次，二级节点数已达180个，辐射范围覆盖27个省（区、市），34个行业，网络方面接入企业节点超过9万家等
	“5G+工业互联网”稳步推进，时间敏感网络、边缘计算等新产品处于探索应用阶段
平台方面	平台建设：较大型工业互联网平台已经超过了150家，平台服务的工业企业超过了160万家
	设备上云：重点平台的工业设备连接数突破69万台
	平台应用：平均工业模型数突破1 100个，平均工业APP数2 120个
	产业生态：工业互联网产业联盟（A11）成员单位2 190家
安全方面	国家、省、企业三级协同的安全技术监测体系基本建成全国21个省建立省级安全检测平台

工业互联网平台应用总体得分是表征工业互联网平台发展水平的重要指标，测算结果表明目前我国工业互联网平台应用水平整体偏低。工业互联网平台应用水平总体得分为31.76，有14.19%（A级）的企业尚未做好应用平台准备，71.14%（B级）的企业工业互联网平台应用处于初级水平，仅有2.21%（D级+E级）的企业基于工业互联网平台开展业务模式创新，大部分企业尚未

有效获取工业互联网平台应用成效。

各省区市因地区经济基础、产业结构、政策扶持和资源条件等先天因素不同，工业互联网平台应用水平也存在显著差异，全国各省工业互联网平台应用水平总体得分阶梯分布特征明显，整体呈现东南沿海区域向西部地区逐渐降低的态势，各省市的工业互联网平台应用水平得分见图5-17。其中，中西部工业互联网平台发展进程迟缓，东南沿海地区的工业互联网平台发展水平遥遥领先，长三角地区围绕浙江与江苏两省形成了工业互联网平台应用高地，有力推动了长三角区域一体化协同发展。此外，北京地区工业互联网平台发展辐射效应明显，对于推动京津冀一体化发展起到了重要的支撑。

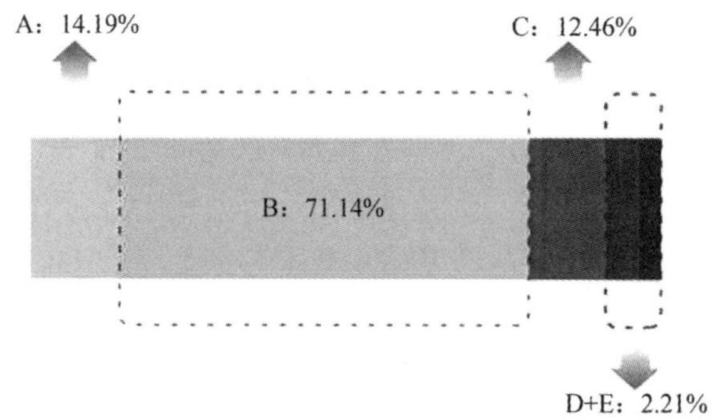

图5-17　我国工业互联网平台应用总体水平分布

尽管我国工业互联网已初步建立起网络、平台、安全三大体系，但是企业的“不敢用、不会用、用不起”，是目前工业互联网领域面临的最大问题。一是，平台专业化服务能力不足，生态培育滞后。我国工业互联网产业联盟2 000余家，但一般都聚焦在工厂的一个特定环节，尚未形成完整的产业生态，工业APP开发与工业用户双向迭代的双边市场生态远未形成。二是高商业模式仍不够成熟，企业盈利手段较为单一，大多以项目交付的方式提供服务。三是由于我国中小企业普遍信息化基础薄弱，数字化智能化改造成本高付费意愿不强，中小企业规模化推广仍存在困难。

7. 新一代信息技术与制造业细分行业的结合呈现不同特征

随着新一代信息技术在工业各场景应用中的深入融合和创新应用，数字化管理、智能化生产、网络化协同、个性化定制及服务化延伸等一批具有代表性的新型制造模式加速形成，为制造业转型升级不断注入新动能。其中数字化管理最为普遍，特别是在电子、交通设备制造和机械行业的价值提升效果更为明显。开展智能化生产、网络化协同的企业比例分别达到7.7%和35.3%，保持年均7%～9%的增速稳步推进，其中网络化协同在电子、纺织及交通设备制造等离散行业中应用广泛，而智能化生产则在电子、交通设备制造及石化等数字化基础好、业务集成水平高的行业快速发展。服务化延伸的企业比例分别达到8.1%和25.3%，年均增速均超过20%，在诸多新模式中增长最为迅速；从行业来看，与终端用户紧密接触的纺织、轻工行业积极布局个性化定制，而电子、交通设备制造行业企业大力推进服务化延伸，着力提升用户精准服务水平。

8. 开放价值生态正在形成，但新模式新业态应用潜能未真正发挥

新一代信息技术驱动制造业新的管理理念和发展方式，以用户为核心的价值创造、开放协作等一系列商业模式和业态创新不断被催生，经产业要素重构融合而形成业务新环节、产业新组织、价值新链条，我国实现网络化协同、个性化定制和服务型制造的企业比例分别为36.2%、8.8%和26.2%。从机械、轻工、纺织和电子等典型行业可见，新模式新业态的应用潜能未真正发挥。

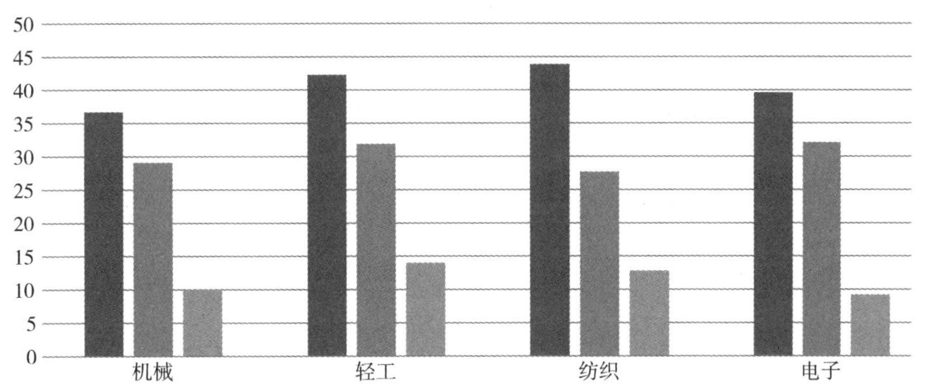

图5-18 典型行业领域新模式新业态使用比例

工业APP是工业互联网平台价值实现的关键手段。2021年，规模以上电子信息制造业实现营业收入14.12万亿元，软件业务收入达到9.499万亿元，分别是2012年的2倍、3.8倍。但由于我国工业软件相比发达国家起步较晚，技术储

备不足。数据显示，中国工业软件产值仅占全球软件业产值的6%，与我国工业产值全球第一的地位严重不匹配，高端工业软件领域则主要由外资主导。随着个性化制造模式的不断扩大，高端的PLM和研发类软件应普及率不足五分之一，成为制造业数字化发展的重要制约。

5.5　本章小结

新一代信息技术与制造业融合的评估是衔接融合机理与推动政策的核心环节。本章立足于新一代信息技术与制造业深度融合的“T-O-V”理论，构建了一个包括技术支撑力、组织变革力和价值提升力的三级评价指标的框架体系，并选取熵值法作为指标赋权的研究方法，对全国11个重要制造业省区市的融合现状进行了评价，得出我国新一代信息技术与制造业深度融合整体仍处于探索阶段、“T-O-V”要素发展不均衡、融合发展的战略部署愈加全面深化、新一代信息基础设施快速发展、制造业的深度融合进入深水区、区域及不同规模企业发展不平衡发展、平台应用推广深度广度仍不够和工业软件存在短板8个主要特征。

最后需要指出的是，由于新一代信息技术与制造业深度融合仍处于起步阶段，因此本章主要基于截面数据对不同区域或省区市的融合水平进行横向对比。随着评估数据的不断丰富，可在本研究的基础上进一步采取面板数据评价方法，如系统整体协同度和DEA-Malmquist指数模型[139, 140]等动态分析方法测度不同区域在不同时期融合水平的动态变化。

第6章　推进我国新一代信息技术与制造业深度融合发展的战略思路与动态路径研究

由于我国不同地区制造业发展禀赋和发展阶段不同，不同制造业行业技术条件也存在着显著差异，在推进我国新一代信息技术与制造业深度融合过程中，需要因时、因地、因势，从战略视角提出差异化的动态实现路径。本章基于新一代信息技术与制造业深度融合发展的“T-O-V”机理和演化规律，提出我国推进新一代信息技术与制造业深度融合发展的战略思路，并从不同地区、不同行业以及制造业价值链环节等角度提出我国新一代信息技术与制造业深度融合发展的实施路径。

6.1　战略思路

6.1.1　整体目标与指导思路

面对全球制造业发生的深刻变革，我国作为制造业大国，要想实现新一代信息技术与制造业深度融合，重塑竞争新优势，就要以制造业全面智能升级和高质量发展为目标，以推进产业数字化和数字产业化为主攻方向，牢牢把握“以融合带创新、以创新促转型、以转型助发展”的系统观念：

以技术创新融合为驱动力，努力突破具有国际竞争力的关键核心技术，赋能传统制造业转型升级；

以产业组织优化为突破口，统筹经济结构调整和产业优化升级，大力培育新产业、新动能和新增长极；

以分类施策推动价值实现，分类指导，分地域、分阶段、分行业地推进融合发展生态体系建设。

统筹推进多主体、多环节、多领域，聚焦制造业全流程、全产业链的数字化、网络化和智能化转型，对传统的生产、经营、管理及服务方式进行全方位变革。

6.1.2　方向一：“技术+环境”

加强关键核心技术攻关，改善融合创新环境。通过融合发展带动技术进步，开展人工智能、区块链、数字孪生和元宇宙等前沿关键技术攻关，突破虚拟现实、VR/AR、芯片制造和网络通信等核心技术瓶颈，力争关键核心信息技术自主可控，抢占制造业信息科技创新制高点，提高产业链完整性和竞争力。加快元宇宙等新型技术布局与研发，形成元宇宙“以虚强实”发展导向，打造赋能千行百业的产业创新体系。联合开展“元宇宙+应用”创新试点示范，聚集工业、纺织服装、医疗、新能源汽车和高端装备制造等领域，打造一批行业应用标杆。完善产学研相结合的先进信息技术创新机制，鼓励企业、高校、科研机构建立信息技术战略联盟，加快形成协同创新共同体。开展集成应用创新，鼓励跨行业融合发展，培育智能化生产、网络化协同及服务型制造等融合型新模式新业态。

6.1.3　方向二：“产业+平台”

优化产业创新布局，提升制造业发展水平。重点培育电子信息、新能源汽车、生物医药及新材料等战略性新兴产业，以加快培育壮大新兴产业促进增量优质，以改造提升传统产业促进存量优化，推动制造产业链整体跃升。加强战略性新兴产业集群的标杆引领作用，以重大平台建设促进智能制造产业集群化发展，引导重点项目、企业、技术及资金等向平台集中，培育具有国际竞争力的新一代信息产业集群及智能制造产业集聚区。深入推进工业互联网创新发展，提高产业链各环节的数字化水平，开展制造业与互联网融合试点示范，打造一批行业云平台和“上云”标杆企业，加快国家新型工业化产业示范基地和重点产业园区数字化改造。

6.1.4 方向三：“融合+生态”

完善融合发展生态体系，强化制造业升级支撑能力。加强新型信息技术基础设施建设，深化“5G+工业互联网”融合发展，建立产业间高效联动机制，推动跨产业、跨层级、跨区域的数据共享和流程互通，持续强化融合发展推进合力。推动相关行业在技术、标准、政策等方面充分对接，强化知识产权保护，打造有利于深度融合的外部环境。推动产教融合、校企合作，加快引进培育复合型信息制造业人才，建立多层次、体系化、高水平的人才队伍。

6.2 动态路径

6.2.1 不同地区的融合路径

1. 东部地区融合发展路径

东部地区的智能制造技术相对成熟，大部分地区处于生态级融合阶段，在这一阶段主要通过跨企业的业务协作和发展模式创新，对原有生产、经营、管理及服务方式和模式进行全方位、颠覆式变革，实现产业级、生态级两化融合。通过对自诊断数据进行分析，可以反映现阶段智能制造的发展情况。从区域参与增长率来看，2021年深圳、江苏、福建、山东以及北京鼓励企业开展标准应用，辖区内完成智能制造能力成熟度自诊断企业数量较2020年度有显著提升，增速位居全国前列，如图6-1所示。对于东部地区智能制造企业的现阶段发展，主要从区域合作、数字创新投入和智能制造生态建设三个方面着手。

一是加强区域合作助力制造业协同发展：①完善区域合作机制，探索制造业综合体共建模式，深度融入京津冀、长三角、长江经济带、粤港澳大湾区和黄河流域等区域发展战略。②积极发挥新型工业化产业示范基地的引领作用，通过技术、品牌和管理经验等方式的输出，加强区域间制造业产业园区之间的合作。③鼓励平台在产业聚集区落地，通过智能化生产、网络化协同等手段，实现多主体在虚拟空间的集聚与协作，构建设计、生产与供应链资源有效组织的协同制造体系。

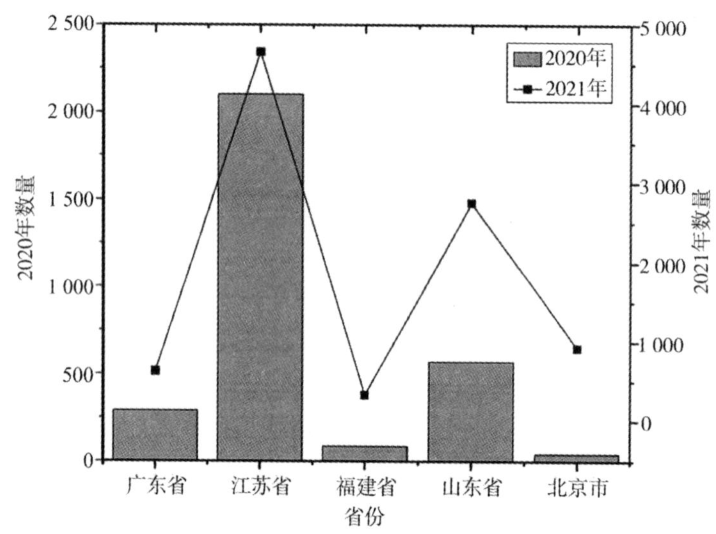

图6-1　东部地区智能制造发展情况

二是加强数字创新领域投入：①建立数据和信息共享的开放机制和平台，转换科学研究方式，打造数字创新的新领域和新高地。加强对新经济、新业态和新技术的投入力度，为数字创新发展建立良好的制度体系，保障数字技术稳定有序发展；②将数字技术应用到制造业服务化转型中，提高生产效率，降低成本，增加利润空间，满足客户需求，加强创新力度，向精细化，顶尖化，高效化发展，成为真正的创新基地；③统筹资源和要素，如知识、管理和技术等，优化产业布局，加强引导作用，培育出具有实力和创新品牌的企业，使云计算、人工智能和区块链等新一代信息技术得到最大化利用，制造业企业生产出高附加值产品，提高服务化转型程度，高度满足顾客需求，增加协同作用，激活创新活力，走出自己独特的创新服务路线。

三是完善智能制造生态建设：①发挥金融支持作用，积极发挥金融机构、基金撬动作用，引导社会资本加大对智能制造的支持。②加大推广示范力度，选取一批近年来智能转型的典型案例进行广泛宣传，推广智能转型的先进经验和模式，营造强烈关注和支持智能转型的氛围。③开展对接活动，促进智能制造诊断服务与企业人才培养、企业精细化管理的联动，总结整理企业在实施智能转型诊断服务过程中的智能制造人才培养经验和精益管理咨询需求，组织管理咨询机构和企业人才培养机构为企业提供个性化服务，在促进企业智能化转型的同时，有效提高企业的人才水平和精益管理水平。

2. 中部地区融合发展路径

中部地区的智能制造成熟度介于中间位置，一般处于企业级融合阶段。“十三五”期间，安徽战略性新兴产业产值占规模以上工业比重，由22.4%提升至40.3%；湖南省株洲市围绕轨道交通、通用航空和新能源汽车等三大产业全力打造“中国动力谷”，打造出全国首个过千亿元的轨道交通产业基地。作为制造业大省，河南正在着力建设3 000亿级洛阳动力谷高端装备产业集群和2 000亿级中原电气谷智能电网装备产业集群，培育郑州、新乡、焦作千亿级装备产业集群。为了继续提升势能，实现从中国制造的重要支撑到世界先进制造高地的飞跃，需要统筹规划引导中部地区产业集群（基地）发展，推动产业转型升级，为中部崛起筑起高地。

一是利用新能源大数据技术助力升级：①中部地区可以加速从“中国制造”向“中国智造”的转变，改变传统制造企业的生产和销售模式，实现制造业的服务化转型，在制造业企业数字化改造的过程中，加强数字技术运用、信息共享和传递，加速提升融合的效率和效果；②可以依托国家工业互联网大数据中心，引导更多的制造企业收集高质量的标签化数据，并在保证信息安全的基础上，与科技公司和科研部门共享和创新，从而大大提高制造的智能化水平。

二是大力建设承接制造业转移示范区：①要大力建设承接制造业转移示范区，不断推动制造业转型升级，突出核心区引领，强化主体区与辐射带动区联动，构建产业结构优化、开放体系完善、载体多点支撑、示范效应明显的承接制造业新格局，成为中部地区承接制造业转移高地。②加强与沪苏浙经济强市、先进制造业园区对接，积极承接引进一批制造业重点企业和重大项目，加快承接中心区工程机械、轻工食品、纺织服装和能源化工等传统产业及富有特色优势的制造业。

三是加强对智能制造生产模式的服务引导：通过将先进的信息技术应用于设计、生产、管理及服务等生产制造活动的各个环节，构建生产制造领域先进的信息系统，从而加强对“智能制造”发展的指导。①成立智能制造专家咨询小组，对各智能制造企业进行咨询和把脉，提供技术支持和指导。②搭建智能制造公共服务平台，为中小智能制造企业提供服务与支撑。③为企业提供物联网应用方面的技术支持，方便生产过程实时监控、质量控制，以及产品售后过程的跟踪、分析和诊断，提高企业的服务水平和产品竞争力。

3. 西部地区融合发展路径

西部地区智能制造的发展落后于东部地区，代表性企业数量较少且大多企业处于业务级融合阶段。但在全国智能制造蓬勃发展的时期里，西部地区也迎来智能制造发展的黄金期。以广西为例，从存续企业数量来看，截至2021年6月，广西智能制造登记注册企业数量达到3 194家，约是2018年（1 277家）的2.5倍。但西部地区智能制造企业的持续发展仍面临很多问题，为此应该推动全产业链优化升级，推动传统产业高端化、智能化、绿色化发展。

一是夯实基础，加快布局数字“新基建”：①持续实施工业互联网创新发展工程，构建高质量、多层次、系统化的工业互联网平台体系，培育和推广平台化系统解决方案，加快建设工业互联网平台应用创新促进中心。②实施软件开发战略，加快软件产业发展，推动工业软件和工业APP的研发创新和产业化推进。③协调推进城市工业互联网大数据中心建设，引导地方分中心建设，提高工业数据资源聚合、应用、共享水平。

二是深化应用，推进制造业数字化转型：①加快制造企业全链条数字化转型，推进工业装备和核心业务上云上平台，提升融合管理、网络协同、数据渗透、软件开发、智能应用和安全防护能力，形成数据驱动、协同设计、柔性生产、精益管理、智能运维等模式。②围绕原材料、装备、消费品及电子信息等重点产业的融合应用需求，掌握新一代信息技术在不同行业、不同环节、不同领域的扩散规律，制定行业数字化转型路线图，探索方法科学、机制灵活、政策分类的差异化发展模式。③引导新型产业示范基地、高新技术产业开发区等产业集群数字化转型升级，加快通信网络、数据中心和能源控制中心等基础设施共建共享，推进产业集群公共服务平台建设，鼓励集群制造企业上平台、用平台，提升产业集群综合竞争力。

三是培育动能，发展壮大新模式新业态：①加快研发、制造、管理、商业、物流及孵化等资源要素的数字化转型、线上聚合和平台共享，释放数据潜力，整合利用全社会资源要素开展创业创新活动，打造制造业升级版。②推动5G、大数据及人工智能等新技术与工业互联网平台的融合创新应用，培育平台化网络协同、智能生产、个性化定制及服务化延伸等新模式，推动制造业智能化、精准化、柔性化、绿色化发展。③加强建设数字化和智能化平台，实现制造业包括研发设计、生产制造和运营销售等各个环节的数据连接和共享，同时与上下游企业构建数字化和信息化合作共享平台，加强企业间的交流与合作。

四是优化服务，打造现代产业智能治理体系：①推进产业一体化大数据平台建设，建立制造业重点数据采集分析体系，按类别、行业打造省市制造业云图。②支持建设战略物资保障调度平台，依托平台推动战略物资供需精准对接，动态优化战略物资产能布局和储备结构，强化制造业突发事件应急能力。③完善制造业产业链上下游跨行业、跨区域、跨企业协作机制，提升“双链”分析预警、资源融资及动态调整等能力，打造稳定运行、要素共享、能力互补、价值共创的产业链供应链。

4. 东北地区融合发展路径

东北地区智能制造发展分布不均匀，有些城市发展较快，而有些城市发展仍处于落后的位置。对于东北地区来说，应有针对性地采取措施，依托东北地区制造业的基础优势，瞄准高科技目标和世界前沿领域，着重发展以智能制造产业为引导的新型区域产业，给传统产业强筋壮骨。

一是以农业智能化为导向加速现代农业转型升级：①通过引进高质量的智能制造企业，建设现代化农用机械生产工厂，生产智能化、无人一体化的领先农用机械设备。②通过构建智能水利灌溉系统，以实现土壤含水量的自动检测，淡水灌溉总量的自主计算、自动调节，富余雨水量的自动排出，主干渠水位高度的恒定保持等一系列技术要求。③通过建立智能化联合仓储中心，以自主实现对不同农作物的预先加工处理，恒温、恒湿条件下的密封保存，不同存储时长下的含氧量调节等一系列工作任务。

二是以智能制造为核心，大力发展新型工业化：①智能机床领域，通过全面发展智能机床设备并加以改善，通过集制造、检测、调控及故障检修等生产全周期各流程于一体的智能机床设备，来提高产品的加工精度、缩短生产周期、节约人力成本，从而提高产品的核心竞争力。②工业机器人领域，重点加大工业机器人门类的开发力度，提高机器人软件系统的兼容性及简便性；加速机器人关键硬件部位的国产化与高质量化；努力提高多机械臂的协同作业能力，机器人视觉的智能识别处理能力，人机交互协同的智能化、友好化能力等。③增材制造领域，将产业布局的重点放在航空航天关键零部件、船舶复杂工况零件的成型工艺、振动检测、熔融修复和冲击强化等环节。

三是以制度安排为引领，加强数字化制造发展：①以提升工业互联网核心软硬件创新能力为导向，加快工业互联网平台建设和应用推广，形成多层次、系统化的平台开发体系，促进制造业各要素对接和资源优化配置。②从东北地区各级政府职能部门来说，要加快完善数字化制造发展政策体系，完善适应数字化制造新技术、新业态、新应用、新产业发展的政策法规；深化“分权管理服务”改革，从过去只关注政府监管向社会协同治理转变，为数字化制造发展提供更加优越、便捷、和谐的政策环境。

6.2.2 不同制造业的融合路径

传统制造业和高端制造业虽同为经济社会发展的重要物质基础，但在与新一代信息技术深度融合的过程中，传统制造业依靠的是传统工艺，技术水平不高，劳动强度大，大多属于劳动力密集和资金密集型产业，在融合过程中要以组织模式改革、技术创新为重点，加快提高行业技术水平和生产效率。高端制造业是制造业价值链的高端环节，具有技术知识密集、附加值高、成长性好、关联性强及带动性大等特点，要以数字化、智能化生态创新为重点，加快构建发展制造行业生态体系。

1. 传统制造业的融合发展路径

纺织服装制造业：推进纺织服装行业互联网平台的开发和应用。纺织服装制造业通过应用软件开发、大数据和人工智能等新一代信息技术，系统构建了以互联网平台、智能设备车间和服务安全为功能体系的应用平台，打造纺织制造业全面网络化的人机集成新型智能制造模式。通过构建全新的制造模式和互联网平台系统，工业互联网平台在纺织服装制造业中的应用将贯穿整个生产周期，从而实现纺织服装制造业端到端的各项集成。②在产业模式创新方面，要加快实现设计、采购、生产、营销和服务等全产业流程的智能化，通过产业互联网平台实现节点企业的有效集成。通过收集服装制造企业、设计服务供应商、信息采集服务供应商、原材料供应商和物流等的数据，利用数据传感器将数据信息传递给融合系统，实现不同产业链主体的决策和控制。另外，要通过软件系统将产业链上下游企业和跨部门企业连接起来，加快实现产业链的横向和纵向整合，组织完成所有纺织服装产品的智能制造任务，构建以核心企业为中心的互联网应用系统。③构建纺织服装制造行业产业链数字化创新体系，在数字化设计阶段，通过对流行趋势等服装产品数据的采集和分析，运用大数据技术及时预测产品市场需求的变化，并协同产业链各主体平台，实现纺织服装产品设计服务的个性化定位。在数字化制造阶段，从设计、组织及生产的信息化分析入手，利用数字化技术构建数字化车间，实现从设计到技术、从生产到质量监督、从设备到能耗的综合性智能化产品管理。在Web3.0时代，元宇宙技术+纺织服装的虚拟时尚NFT逐渐出现。在生产环节，虚拟时尚NFT采用了区块链技术，每一件虚拟服饰都拥有独一无二的加密编码，具有无假货、无物流成本等特点。在数字化营销阶段，纺织服装制造企业通过收集和分析平台的销售数据，结合用户数据信息，引导用户直接参与设计，提升用户价值和消费者体验。另外，随着元宇宙技术发展，虚拟偶像可以替代现实中的明星偶像成为服装品牌的代言人，帮助企业进行营销、代言等商业活动。在数字化服务阶段，利用互联网云服务平台可以为用户量身定制个性化服务，也可为中小型企业提供从设计到营销的集成服务方案，有利于企业从单向的制造模式转变为产品系统一站式解决模式。例如，海思堡集团、雅戈尔集团等企业抓住行业风口，利用大数据、智能制造及物联网等技术，开展了柔性化小批量生产与个性化定制、生产单元模拟、工艺合规校验、生产过程溯源及企业协同合作等典型场景的实践，极大提高了行业的数字化水平。纺织服装制造企业的设备上云和数字化改造力度已逐步加强。相关数据显示，2020年，纺织服装行业生产设施的数字化和网络化率分别达到52.1%和45.3%，分别高于消费品行业的平均水平2.6和3.6个百分点。纺织服装企业通过利用新一代信息技术对生产设备和内外部工业网络进行数字化、智能化升级改造，加快了数字化转型的进程，夯实了智能化发展基础，促进了纺织服装业与新一代信息技术的深度融合。

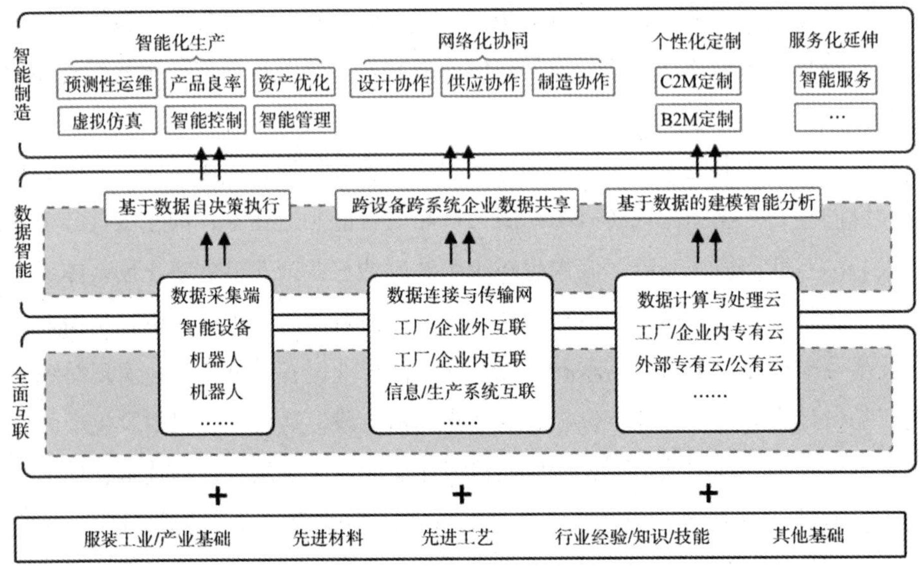

通过对海思堡服装生产线进行“互联网+”个性化订制改造，实现了牛仔裤装从下单、制版、裁剪、缝制、水洗、后整的全流程信息化和“互联网+”改造，生产周期由原来的45天缩短为7个工作日。

图6-2 海思堡服装与新一代信息技术融合路径

钢铁制造业：坚持“数字化制造”“互联网+制造”和“人工智能+制造”三个范式并行，推进融合发展的技术方针，建立前沿的、具有时效性的、动态的、柔性化的人才引进模式，构建企业、高校和科研院所联合培养机制，加强产-学-研合作培养人才，创造产业创新体系，通过构建智能制造强基、固本、提智工程，专业机构培育工程，以及产品质量认证平台工程等来推进行业技术创新智能升级，推进钢铁企业智能化转型。①数字化强基，推动钢铁行业物料编码标准制定和管理的数字化，形成从原材料到成品的统一编码规则，促进企业内部和企业之间的数据交换；注重在线、全自动、多工艺流程的智能化设计，推进产品生命周期管理技术与新一代信息技术结合，实现产品研发和客户服务的数字化；通过运用大数据技术收集生产设备的运行状态数据、能耗信息和生产信息，实现物料流、能量流和信息流的全过程监控和实时质量预警；开发和推广人工智能和机器人技术，以释放生产线的生产能力，提高自动化程度。②网络化固本，通过工业无源光网络、工业以太网和工业无线等技术支持现有设备和生产系统的网络化升级改造，扩大网络覆盖范围和终端连接数量，提高钢铁企业设备联网率；加快钢铁企业内部网络改造进程，优化企业内部网络架构，提高网络服务能力；通过设计开发钢铁产业链上下游企业之间的互联网平台，将各企业与部门之间的创新资源、生产能力和市场需求进行整合和连接，实现设计、制造、营销、服务等供应链全流程协同。③智能化提升，加快打造智能工厂，利用大数据、云计算技术整合生产数据、供应商数据和客户数据，推进产品质量全流程智能化控制和优化，提升产品设计、生产调度及车间调度等的自动化和智能化水平，实现生产过程跟踪、质量控制、能量优化、产销协调、订单承诺、订单调度、采购决策优化、投资策略优化及资源配置优化；以智能制造系统为核心，以智能工厂为支撑，通过构建工厂与企业、企业与产品的全生命周期数据互联制造网络，对生产过程进行实时管理和优化，实现大规模生产定制。④推进科研机构开展传感器、工业机器人等创新性研究工作，优化复杂环境下企业控制设备的感知、认知和控制能力；加快过程控制系统、专家系统和智能制造信息系统的自主研发，通过智能制造等新一代信息技术推动钢铁制造企业的转型升级，提高生产质量和生产效率，降低生产成本。⑤构建国内钢铁行业产品信息数据库，利用大数据、区块链等先进技术，提高钢铁行业产品信息透明度，促进企业发展标准化。例如，作为一家有着四十余年历史的钢铁企业，宝钢较早开展了新一代信息技术和钢铁制造融合的探索，广泛应用了人工智能、云计算等新一代信息技术，仍然在数字时代保持着引领行业的竞争力。通过“热轧1580智能车间”项目，宝钢建立了一个自动化、无人化、智能化平台来控制相关产品的生产。在制造端，宝钢在操作岗位领域引入机器人作业，在工厂节点引入无人机以及传感器等方式追踪工人生命体征、设备运行状况及产品质量等数据信息，降低了人工监测成本，降低了6.5%的工序能耗及30%的内置质量损失，同时实现了10%的全自动投入率提升。截至2020年，宝钢通过数字化提高了83%的规划效率、30%的设备使用周期以及16%的劳动效率。

电力业：电力行业与新一代信息技术融合路径是以数字化技术为起始点，实现经营数字化、资产数字化，进而实现整个行业从生产管理到经营模式的全面数字化转型升级，最终达到能源及服务的全新模式，带动整条产业链的变革。①数据贯通阶段。对电力行业来说，要实现业务数据化、数据服务化，首先就要实现数据的贯通。以国家电网为例，它的业务部门是垂直化管理的，营销、调度及客服等业务部门各自管理着自己的数据中心，彼此之间存在业务壁垒，要实现整个业务流程数字化就要加快实现数据贯通。②数据运营阶段。伴随着数据变成生产要素，如电力行业的海量用电数据、设备数据等都可以转变为数据资产，一方面，电力大数据本身可以通过产品化来实现商业化，另一方面还可以通过数据服务支撑新兴业务。例如，国家电网正在建设企业中台，采取了“三中台”战略，即数据中台+业务中台+技术中台，数据中台是基础，业务中台是核心，技术中台是支撑，核心目的是通过平台层的数据中台支撑应用层新兴业务。③数字化驱动阶段。如今对电力行业来说，伴随着用电侧分布式新能源应用的显著提升、新兴业务商业模式的成熟以及相关产业政策的进一步放开，用电侧会进入一个开放性能源市场，整个电力系统需要实现“源网荷储”协同，这就需要新型电力系统和数字化的支撑。而在这种情况下，新型电力系统需要在信息采集感知、计算能力支撑、自动化控制和智慧化运营方面，建立一个强大的数字化平台来支撑新型电力系统的运行和管理，从而保证新型电力系统面对挑战，能够可靠地运营、管理和控制。

食品加工业：①利用新一代信息技术改造企业运营模式，打造数字化，智能化食品加工企业。将智能制造技术应用于食品加工车间、食品机械领域，实现食品生产和食品企业管理的智能化。利用大数据优化生产、仓储、销售、服务等供应链全流程，实现优化资源配置，加快推进食品加工企业数字化转型。②构建数字化产业链，加快食品供应链数字化升级。利用物联网、云计算、大数据等新一代信息技术打通产业链上下游企业的数据渠道，推动食品产业链精准对接，将供应商、经销商、消费者终端整合到食品企业供应链管理体系中，实现供应链全流程数字化动态管理；以数据供应链引领物资供应链，打造快速反应的市场服务能力，大力支持食品产业链高效协同和改造升级。③依托数字化平台培育数字生态系统。加快打破传统商业模式，构建食品加工业的数字生态系统，形成数字经济的新实体，并通过金融、物流、商业和社会等行业和服务的跨境融合，充分挖掘新价值。伴随着互联网、云计算和大数据等新一代信息技术的快速发展，众多食品加工企业已经迈入数字化转型新阶段。例如，泰森食品在供应链场景中引入人工智能算法，提供智能化的采购决策和预警，以及智能化的订单处理反馈与处理，打造柔性供应链。而加加食品打造了"发酵食品（酱油）数字化工厂"，智能化生产线可实现全自动化制曲、全自动温控及搅拌适温发酵，确保产品的品质稳定和食品安全。

2. 高端制造业的融合发展路径

高端装备制造业：①加快XR、VR、全息投影、区块链、虚拟现实和元宇宙等数字技术的攻关突破，模拟真实生产过程和供应链组织流程，优化组织结构，助力工业设计研发、制造模拟、应用监测与维护，构建工业元宇宙智库平台，实现专家与知识库等集成。②装备制造领域"互联网+"与服务导向的融合，已成为提升中国装备制造业在全球价值链中嵌入度、提高出口产品技术复杂度和质量、通过产品升级带动企业升级的重要手段，成为在发生深刻变化的国际环境影响下装备制造业转型升级的创新战略路径。③工业设计推动产品深度升级。工业设计不仅可以提升装备制造领域自主设计研发水平，提高科研成果转化效率，加快信息化、智能化、工业化的协调发展，还可以通过工业设计的思维方法，建立装备制造产品的人机改进创新机制、造型设计创新方法和通用造型规则，以提高产品质量，促进产品升级。④数据驱动的互联互通智能制造模式，应加强数字化、智能化、网络化建设，逐步提升企业生产能力和产业链的协同水平。⑤"双碳"战略下布局企业绿色转型，企业应当加快绿色转型战略建设，加强体制创新，加大绿色技术创新投入，实施低碳、绿色投资融合模式。例如，东声HanddleAI软件算法平台和昇腾AI基础软硬件平台，实现了自动、准确、快速地检测出缺陷位置和尺寸，分类 NG 图片，并自动在系统中录入、存储缺陷分类和检测结果信息，从而使人工目检的工作量减少了75%，质检精准率从人工操作时的90% 提升到99.5%，检测效率提升了35倍。

图6-3　高端制造业与一代信息技术融合路径

高端医药制造业：①发展医疗智能装备，利用VR、XR等元宇宙技术构建全息数字人，将个体生命体征与健康状态以及其他反应机体的信息进行镜像映射，高拟真度让医生如真实置身手术室中，进行操作，感受人体机理。②发展医药智能生产线，具备数据采集、实时生产状态、在线质量检测、柔性生产、小批量和多品种生产模式的特点；③发展智能车间，对生产状况、设备状态、能源消耗、生产质量和物料消耗等进行实时采集和分析，高效排产和合理排班，可显著提高设备利用率；④发展智能工厂，生产过程实现自动化、透明化、可视化、精益化，产品检测、质量检验和分析、生产物流与生产过程实现闭环集成。例如，金蝶云星空搭建了数字化工厂模型和企业核心数据库，通过集成自动化设备，使得PLC、DCS系统能覆盖的设备提升到70%以上，同时实现了生产过程的实时监控、异常预警等管控功能，可以有效地降低生产事故的发生。

高端新能源汽车业：①重视整车与零部件的协同发展，加强整车集成技术创新，提高动力电池、新一代汽车电机等关键零部件的产业基础能力，促进电气化、网络化、智能化协同发展。②运用各种智能传感器对各种交通和环境信息进行采集，并利用远程通信技术传输车辆与道路设备之间的通信和数据。同时，利用大数据和云计算技术对采集的数据进行处理并进行决策，分析各路段和区域路网的交通和运营状况，发布检测到的道路交通信息，为智能互联车辆提供决策。③运用数据进行连接，构建人、车、路、云的协同作业，以汽车感知、城市管控及交通管理等信息，建立数据融合与计算机处理平台，加快新能源汽车与信息互联互通融合。④打造真实车和虚拟车激荡在一起的元宇宙空间，未来车主可以有一部作为数字孪生的虚拟车。虚拟车在养成过程当中将推动现实车技术的进化，即“孪生纠缠”。例如，上海申龙客车有限公司，占地20万平方米，年产能超过1万辆，经过近年的发展，开发出拥有柴油、天然气、混合动力及氢燃料等动力燃料的系列产品，特别是氢燃料客车。

高端节能环保业：①坚持数字赋能，加速节能环保产业与信息技术产业的深度融合，赋能节能低碳改造，加大绿色低碳技术的推广力度，促进先进适用的工业低碳新技术、新工艺、新设备、新材料的推广应用，推进能源管理数字精细化，提升数字化管理水平。②做大新能源技术装备，可再生能源方面，开展陆上低风速风电机组和高效直驱发电机技术研究开发。支持高转换效率光伏逆变器、光热电站关键设备及新一代薄膜电池的技术开发和产品研制。氢能方面，推动掺氢燃烧研究和示范应用，研发膜电极、双极板及储氢装置等关键核心材料与部件。③做精节能节水技术装备，高效制冷方面，加快高效压缩机、高效传热肋片的研发和应用。电机方面，加快冷轧硅钢片、绝缘栅极型功率管等核心元器件及材料的研发应用。分布式供能方面，加大小（微）燃气轮机关键技术研发，提高分布式供能装备制造能力。储能方面，探索建立以储热为核心、储电（冷）为补充的多能互补能源体系。余能余压利用方面，研究推进重点行业低温余热发电、废热资源制冷、热泵等技术与企业余热利用技术。照明方面，加快大尺寸LED芯片等关键技术的研发和产业化。绿色建材方面，推进超高性能混凝土、超高保温节能玻璃和智能调光玻璃等产品的应用。节水技术装备方面，推广循环用水及废水再生利用、高耗水生产工艺替代和水质分级梯级利用等技术。例如，领袋牛环保科技公司运用互联网思维，通过“技术+平台”“市场+事业”的数字思维，以及“互联网+智能终端环保设备投放+积分消费商城+兴趣点社交”的立体运营模式，构建环保智能共享全生态产业链。

6.2.3　信息技术与制造业价值链的融合路径

1. 研发设计环节

研发设计作为制造业最具创造力的环节，在全球化竞争和产品复杂程度不断提高的今天，面临着更加严峻的挑战。而随着网络平台的逐步成熟、各种开发软件的广泛普及，数字技术加速由单项应用向集成应用拓展，全面融入制造业研发设计环节，研发工具、主体、流程及运作方式正在经历数字化、智能化变革，通过运用VR、XR、AR等元宇宙技术进行模拟仿真设计，极大降低了成本，提高了研发设计效率。当前，设计方法和工具正从以物理试验为手段向以数字仿真为手段演变，由传统手工建模时代迈进数字化建模时代，研发设计主体正从封闭式“公司+雇员”的经典组织结构向开放式“工业互联网平台+海量个人”的全新组织形式转变，研发设计流程由“串行模式”向“并行模式”演进，迈向网络化协同与软件定义的新阶段。

2. 生产制造环节

区块链技术、智能机器人技术、3D打印技术和UI技术等新一代信息技术正不断应用于生产制造过程。目前，数据要素已成为一种新的生产要素，各生产要素的角色和地位也在发生变化，以劳动和技术为主的要素结构体系转变为以知识和技术为主的要素结构体系，数据要素在其中发挥着指导和控制的核心作用。同时，制造业生产制造环节正经历从基于传统“试错法”的实体制造转变到基于信息物理系统技术的虚拟制造、从传统能量转换工具向智能工具的演变、传统装备升级为智能装备的演变、从以人工为主的劳动密集型生产到基于设备互联的智能化生产的转变，以及从孤岛式集中式封闭制造体系走向网络化协同的开放制造体系的转变。数字技术的应用提高了制造业企业的生产效率，以顾客需求为导向，从产品生产转变为产品和服务一体化生产，增加了产品的附加值，并且监控企业生产，进行故障诊断，降低了产品的损耗，有效利用闲置资源，从而降低了生产成本，使得生产变得更加经济合理，同时满足消费者的个性化需求。

3. 仓储物流环节

制造业应逐渐摆脱依赖员工记忆与经验建立健全的制造业仓储管理系统，通过运用人工智能、物联网和机电一体化等“新技术”，知识型员工结合智能机器人的“新劳动力”来实现智慧物流，最大限度地提高制造业的仓储效率，避免数据传输的延迟和错误，确保原材料和库存商品的先进先出，并及时了解各种产品的不同存储状态。同时，要加快传统仓储设施的升级和智能存储网络的建立，运用物联网、云计算、人工智能及大数据等新一代信息技术进行数据分析和辅助决策，有效运行和控制仓储、分拣、包装和配送等环节，形成符合物流企业标准化、智能化的物流信息系统。

4. 营销服务环节

依托互联网的新型数字化营销方式势如破竹，制造业销售服务环节的数字化、智能化转型对于新一代信息技术与制造业深度融合具有重要意义。数字化营销服务通过运用互联网络、电脑通信技术和数字交互式媒体来实现营销目标，是将线下营销模式转变为线上精准触达的过程。制造企业通过围绕用户消费场景，建立内容化体验模型，形成可推荐、可编辑、可交互的内容流。在对用户画像及行为偏好进行分析的基础上，通过智能算法、大数据技术向用户推送高质量、专业化、个性化的投资服务，来吸引和转化用户。同时，数字技术为企业提供了数据转换和分享中心，成为企业员工之间协同合作的基础条件，提高员工之间与管理者之间的信息交换和沟通的效率，形成了先进的组织结构和模式，减少了企业的管理成本。制造业营销服务环节与新一代信息技术的融合，通过要素互补、分享和交流，打破了主体之间的边界，实现跨界融合，提高价值创造效率，提高竞争优势，有效降低企业成本，提高营销服务质量。

6.3　本章小结

结合新一代信息技术与制造业深度融合的“T-O-V”理论，从核心技术攻关、产业组织优化和生态价值实现等三个维度出发，进一步明确我国推进新一代信息技术与制造业深度融合发展的方向，并在此基础上提出战略思路。同时，对我国新一代信息技术与制造业融合发展的现状和阶段进行研判，并结合具体案例，分别从不同地区、不同制造业以及制造业价值链环节等角度提出推进我国新一代信息技术与制造业深度融合发展的实施路径。

第7章 推进新一代信息技术与制造业深度融合发展的对策研究

上文分析了新一代信息技术与制造业深度融合的现状及问题，并从理论和实证两方面研究了新一代信息技术与制造业深度融合的机理，本章在以上分析的基础上，结合第6章提出以技术创新融合为驱动力，以产业组织优化为突破口，以分类施策推动价值实现的重点思路，以及“技术+环境”“产业+平台”“融合+生态”的重点方向，结合新一代信息技术与制造业深度融合的“T-O-V”理论，从技术层面、组织层面和价值层面综合提出对策建议。

7.1 技术进化层面的建议

7.1.1 加快完善融合发展的基础支撑

一是要加快构建全球领先、安全可靠的云数据中心平台，推进云计算的创新发展与应用，打造新一代信息技术前沿空间阵地，满足新一代信息技术与制造业融合的存储空间与算力需求。要加快布局关键领域的工业互联网建设，提升制造业各领域数据采集的质量，为数据决策提供支撑。

二是要加快推进5G基站、IPv6网络等新基建基础设施建设，加快现有基础设施升级和数字化改造力度，做好数字基础设施与楼宇、道路等市政交通规划的有效衔接，加快提升数据传输速度与网络通行能力，为新一代信息技术与制造业融合提供硬件保障。

三是积极构建大数据人才培养体系，构建大数据及人工智能灯前沿技术人才的培养和引进力度，全面打造多层次、多类型的大数据人才队伍，提高人才质量，优化人才结构，充分激发创新潜能与活力。优化现有的人才培养体系，从课程设计、实践能力培养等多角度来加大技术人才的培养力度，提高制造业从业人员的技能与知识水平。

7.1.2　加强基础技术和核心技术研发

技术创新是引领高质量发展的核心驱动力，共性技术能够对各个行业广泛赋能，使整个生产过程实现网络化、协同化、生态化。要实现新一代信息技术与制造业的深度融合，首先要突破数字领域的基础技术和关键共性技术。

一是联合高校、科研院所和大型科技企业的科研力量持续强化数字领域的基础研究，努力攻关新一代信息技术与制造业融合发展所需要的芯片、内存等关键的基础技术，在集成电路、基础软件和核心元器件等薄弱环节实现根本性突破，要实现在这些核心领域技术环节和中间产品的自主可控。

二是加大5G、人工智能、区块链、量子通信和元宇宙等前沿共性技术方面的创新投入，积极发展并努力保持在全球的领先地位。前沿技术的研发往往要求多样化、多层次、更全面的知识，可考虑建立重大专项、技术创新联盟及创新中心等多种技术研发组织，加强制造业、科研机构和高校之间的协同合作，支持在产业内建立技术协会组织，引进成熟度等级评估概念以促使制造业针对基础研究之后、商业化之前的“空白”环节构建协作联盟，降低制造业创新研发风险，实现技术创新升级。

四是加强关键核心技术攻关。聚焦集成电路、高端芯片、高端材料、先进传感器及基础软件等关键领域短板，通过联合攻关、产业合作和并购重组等新方式，加快攻克“卡脖子”问题，提升软硬件支撑能力。聚焦战略前沿和制高点领域，加强量子信息、先进计算及未来网络前沿技术布局，提升大数据、人工智能及区块链等新一代信息技术的创新应用能力，打造形成国际先进、安全可控的数字化转型技术体系。

7.1.3 加快中小制造企业信息化应用

一是要鼓励支持企业层面建立人工智能与智能制造创新中心，促进企业信息化的进一步改造。创新中心聚焦于信息技术在制造业应用中共性技术的研发与推广。信息技术与制造业创新中心可采取“公私合作”，运营经费来自财政、政府的竞争性采购和市场。

二是在治理机制方面，由技术人才、政府官员、行业代表和学者共同组成专业委员会作为最高决策机构，创新中心最高管理者采取公开招聘的方式，通过专业委员会和管理社会化减少政府的行政干预，保证创新中心的高效运营和专业管理。

三是要继续强化大数据技术的应用，努力解决行业应用的实际需求，加强大数据技术的分析预测和决策支持功能，为新一代信息技术与制造业融合提供足够的技术支撑，为创新型国家的构建和高质量发展路径的转型提供坚实保障。

7.1.4 加速推出工业云平台和软件

一是要加速工业设备和业务系统上云上平台，推动数据全面汇聚。推动重点工业设备上云上平台。促进区域要素资源有序流动与协同发展，加速区域产业资源共享和设备上云，推动区域产业协同和生态建设。推动关键核心业务系统上云上平台。引导企业核心业务系统向云端迁移，打通研发设计、生产制造、运营管理和运维服务等各个环节，促进系统间数据共享，实现资源在线共享。引导企业开展制造能力在线发布、供需信息实时对接等业务，实现企业间、区域间的制造资源优化配置。

二是要加强高质量工业APP培育，提升平台应用服务水平推动共性经验知识沉淀提炼，发展普适性强、复用率高的基础共性工业APP，以及基于知识图谱和智能算法的可适性工业APP。打造一批经济价值高、推广作用强的行业通用工业APP。面向特定领域、特定场景的个性化需求，培育一批企业专用工业APP。发展基于数字孪生技术的工业智能解决方案，支持开源社区、开发者社区建设，发展工业 APP 商店，促进工业 APP 交易流转。

7.2　组织系统层面的建议

7.2.1　完善新一代信息技术治理体系

一是强化市场竞争导向的数字治理，加快完善新型数字行业垄断的治理政策工具，特别是对在新一代信息技术领域中滥用市场支配地位的不正当竞争行为予以坚决查处，为新一代信息技术与制造业融合创造公平的市场环境。还需重点关注数据安全，构建科学高效、合理有序、开放共享的组织架构，统一数据记录与存储的标准格式，以标准化建设解决制造业面临的现实问题。

二是加快构建多元主体参与的数字治理体系，充分发挥政府、企业和行业协会的作用，其中政府聚焦于平台垄断、负外部性的治理，平台型企业致力于算法价值观构建和负面信息传播治理，行业协会聚焦于数据共享和行业自律，通过多主体参与来构建激励相容的协同治理格局，为经济社会高质量发展提供良好的环境保障。

三是大力营造融合发展的更优环境。通过“放管服”改革持续降低市场准入门槛，突出国际化、法治化、便利化、专业化，形成有利于新一代信息技术、制造业融合共赢的投资生态和发展环境。加强数据应用的统筹管理及行业自律，加强大数据知识产权保护，完善网络安全领域的法律法规。加强大数据标准的宣贯与应用。加快工业互联网平台建设，从供给侧和需求侧两端发力，打造双向迭代、互促共进、开放共享的平台生态体系。

四是优化人才队伍。加快培育新一代信息技术与制造业融合发展的战略性储备人才。调整优化产业组织系统中员工学历结构，加大劳动人事、教育管理等相关部门的协调力度，建设现代职业教育体系，针对不同岗位、不同工种和不同学历的员工，建立清晰的多层次人才发展路径，最优化配置产业资源，完善人才队伍。

7.2.3　完善新一代信息技术与制造业融合标准

一是完善相关标准，为新一代信息技术与制造业深度融合提供保障。需以标准化规范和引领新一代信息技术与制造业融合发展，从数字资源确权、开放、流通和交易等各环节探索不同地区、部门之间的共享标准，提高数据共享标准化水平，有效推动数据互联互通，促进数据再使用、再增值。

二是进一步健全数据信息采集、定价、服务等法律法规，将数据获取、使用等纳入法律法规的监管之中；推进数字经济领域的法制建设，出台和健全数字信息完善、数据隐私保护等相关的法律法规，加大力度保护知识产权等，防止数字经济领域平台型企业的市场垄断行为。既确保数字经济有充足的发展空间，又能使数字经济发展更加规范有序。

三是综合运用政府补助资金、PPP等多种模式，积极探索建立制造业组织系统共享机制与模式，推动云计算、大数据等基础设施建设，支持传感器件、智能设备及工业网络等新型工业互联网基础设施在组织系统内的布局与发展。在制造业组织系统内开展信息化建设，将智能制造单元、智能制造系统和智能制造车间整合到网络云平台上，在云平台上进行产品的系列操作，打造快速响应的工业网络，推进制造业基础设施物联网络建设。在制造业组织系统基础设施建设升级的过程中，要加强信息通信服务供应商与制造企业的对接，减少信息通信服务与产业智能化改造的需求不匹配问题，完善组织系统建设以促进融合发展。坚持标准先行，在制造业组织系统内开展智能制造综合标准化建设，以组织系统标准化支撑制造业高质量发展。

7.2.3 统筹制定融合发展战略

新一代信息技术与制造业深度融合发展是一项复杂的系统工程，需要从战略层面制定适宜的推进路径来促进深度融合发展。

一是从产业链来看，各个主体分布离散，未能发挥有效的产业集聚效应，需要以数字化技术来对传统生产要素进行改造升级，打造产业发展新模式，由资源驱动型逐渐过渡到数据驱动型增长。以新一代信息技术深度应用为主线，采取双向渗透方式逐步覆盖全产业链，改变制造业传统的生产面貌，同时以虚拟化和服务化转型来巩固新一代信息技术在制造业的应用效果。

二是从创新链来看，产品研发、成果转化和产业应用等各个阶段未能实现有效衔接是制造业创新效率难以提升的主要原因，这就需要制定合理的新一代信息技术应用策略，以深度融合发展来重塑链条式的创新过程。一方面，从硬件层面上看，数字化设备、数字化车间和数字化工厂是制造业依靠新一代信息技术摆脱传统竞争方式，实现数字化、智能化转型的必备要素；另一方面，从软件层面上看，加大技术创新力度，提高数字生产力，以新一代信息技术解决创新链分散决策条件下的信息不对称及信息成本问题是十分必要的。

三是从价值链来看，生产效率的提升既是价值创造的首要因素，也为融合发展提供了持续性的前进动力。在统筹制定新一代信息技术与制造业深度融合发展策略时，需要重点考虑以下方面来促进生产效率的提升，具体包括：产品设计个性化、制造流程系统化、管理模式标准化、数据传输快速化、人才培养高质化、保障制度常态化和客户响应精准化等。

7.2.4 构建数据监测和分析系统

一是要建设平台数据监测与运行分析系统，开展平台基础能力、运营服务、产业支撑等运行数据自动化采集，构建行业、区域运行监测指标体系，研发平台运行监测及行业运行分析模型，实现工业互联网平台监测核心指标数据及重点行业运行数据的自动采集与动态汇聚。

二是要全面动态掌握区域重点工业互联网平台建设应用水平，精准把握产业发展态势，绘制行业、区域发展水平“数字地图”，探索工业互联网平台赋能制造业数字化转型的发展路径。

7.3 价值实现层面的建议

7.3.1 培育产业生态

一是加快推进数字产业化。强化新型数字基础设施建设，加快5G网络和千兆光纤网络建设与商用步伐，建设一批具有全国影响力的工业互联网平台，以应用为牵引培育一批高价值、可复用的平台解决方案。加快培育新兴产业，培育由企业主导的开源软件生态，促进平台经济、共享经济的健康发展，更好地支撑服务经济社会的数字化转型。

二是加快推进产业数字化。围绕制造企业实际需求，加快设备设施数字化改造和企业内网建设，深化研发设计、生产制造及供应链等环节的数字化应用，培育发展数字化管理、平台化设计、智能化生产、个性化定制、服务化延伸和网络化协同等新模式，形成新的优势制造能力。发挥行业龙头企业引领作用，促进新一代信息技术的规模化应用，带动中小型制造企业数字化转型，增强产业链供应链的韧性和弹性，实现大中小企业融合发展。

三是加大对平台型产业创新组织的支持力度，支持产业孵化器、产业加速器和产业互联网等载体建设，支持产业创新共同体、产业生态等创新性组织发展。在工商登记注册、税收等方面给予新型产业组织便利。在支持创新发展的政策措施中，在优化营商环境的系列措施中，重点对创新性组织形态予以帮助、支持，提供切实的经济鼓励和政策支持。

四是在制造设备与机器中嵌入操作系统、传感器、控制程序、服务器、计算芯片和宽带传输等软硬件，深度应用新一代信息技术将制造业变为全新的产业生态系统。并且借助云平台等外部系统将供应商、市场用户、科研院所、政府部门与云服务商等各个主体紧密连接在一起，形成高度协同的创新网络。

7.3.2 创新信息技术与制造融合的新型产品

一是在软硬件产品方面，加快推进工业操作系统、网络传感器、高性能网络设备和工业机器人等核心技术的自主研发及产业化。智能化战略制定通过网络协同与数据智能进行科学战略决策。新一代信息技术产品的研发将利用先进的智能产品技术特性，推进制造业价值整体提升。

二是保证技术研发活动的可持续与技术的创新升级，加强知识产权保护，营造知识产权与创新研发友好的产业生态环境，加大对制造企业的创新成果保护力度，营造良好的知识维权氛围。加大知识产权交易平台建设力度，在产业内构建知识产权与技术转移的先行市场，为新一代信息技术与制造业深度融合发展做好技术铺垫与研发保障。

三是信息安全解决方案方面，相关机构应联合具体制造企业的安全设备提供商、系统集成商和制造企业，共同推进安全产品解决方案的创新与产业化。增加信息安全防护措施，建立安全防控标准体系和制度，做好信息安全的检查、监测和扫描工作。

7.3.3 加强产业协同

一是加强企业合作，单一企业拥有的资源是有限的，企业需要与先进企业建立合作关系来获取异质性资源。既可考虑与国内多样化的企业建立联盟合作关系，构建更贴合国内制造业发展特色的创新模式，也可与国际先进企业建立契约合作关系，借鉴国际先进经验，突破新一代信息技术与制造业深度融合发展瓶颈。并且引进先进国家智能制造高端资源，在企业组织内开展高层次、机制化的智能制造转型升级。

二是整合价值链参与主体。充分整合价值链参与者，使相关部门、金融机构、产业协会、创新联盟、供应商及客户群等价值网络内其他主体紧紧围绕在汽车制造业周边，在制造业政策法规的指导下，价值网络内各个主体相互监督，借助科研院所的技术研发支持、金融机构的生产资金服务、社会组织的间接辅助、供应商的物料支撑、客户群的订单支持引导制造业价值实现进程，推动新一代信息技术与制造业融合发展。

三是统筹产业智能制造试点工作，加强与领先国家的合作，引进先进国家智能制造高端资源，在制造业全行业内开展高层次、机制化国际智能制造合作示范试点工作。搭建产业合作服务平台，优先研发融合发展亟须的创新技术，为智能化升级铺设技术基础设施，以“集群导入、系统导入、合作导入”的合作新模式助力制造业价值实现，推动新一代信息技术与制造业深度融合发展。

7.3.4 加速工业互联网生态体系构建

一是全面开展工业互联网平台测试测评，促进平台架构设计、应用开发、模式创新及产品服务等迭代升级，持续助力平台的应用推广，加速工业互联网生态体系构建。在数据采集方面主要关注设备连接能力问题、工业现场总线以及太总线多样、协议兼容与转换能力；在平台处理层方面，关注平台的实时数据的接入处理和分析能力；工业APP方面关注接口整合能力和效应效率问题；系统安全层关注物理、网络、应用和数据安全等问题。从功能验证测试、接口测试、基准测试和性能测试等方面，全面评测工业互联网能力体系。工业互联网平台测试要以测促用、以测促建，全面提升我国工业互联网平台的建设应用水平。

二是聚焦典型应用场景，面向大型制造企业与特色中小企业组织新模式应用标杆遴选，依托龙头企业、研究机构等制定发布新模式应用实施指南，加强智能化制造、网络化协同、个性化定制、服务化延伸及数字化管理等新模式、新业态的探索与推广。组织开展工业互联网新模式应用宣贯与培训，支持建立一批线上线下结合的新模式应用体验中心，鼓励创新应用探索实践。

参考文献

[1] 王莎莎, 卢山冰, 郭立宏. "互联网+" 驱动下的产业变革分析[J]. 人文杂志, 2019, (04): 90-98.

[2] 赵剑波. 推动新一代信息技术与实体经济融合发展: 基于智能制造视角[J]. 科学学与科学技术管理, 2020, 41(03): 3-16.

[3] 贾建锋, 赵若男, 刘伟鹏. 数字经济下制造业国有企业转型升级的组态研究[J]. 研究与发展管理, 2022, 34(02): 13-26.

[4] 张艳萍, 凌丹, 刘慧岭. 数字经济是否促进中国制造业全球价值链升级?[J]. 科学学研究, 2022, 40(01): 57-68.

[5] 王静. 我国制造业全球供应链重构和数字化转型的路径研究[J]. 中国软科学, 2022, (04): 23-34.

[6] 胡俊, 杜传忠. 人工智能推动产业转型升级的机制、路径及对策[J]. 经济纵横, 2020, (03): 94-101.

[7] 孔存玉, 丁志帆. 制造业数字化转型的内在机理与实现路径[J]. 经济体制改革, 2021, (06): 98-105.

[8] 王如玉, 梁琦, 李广乾. 虚拟集聚: 新一代信息技术与实体经济深度融合的空间组织新形态[J]. 管理世界, 2018, 34(02): 13-21.

[9] Di Maria E, De Marchi V, Galeazzo A. Industry 4.0 technologies and circular economy: The mediating role of supply chain integration[J]. Business Strategy and The Environment, 2022, 31(02): 619-632.

[10] Zhang S S, Sun L, Sun Q, et al. Impact of novel information technology on IT alignment and sustainable supply chain performance: evidence from Chinese

manufacturing industry [J]. Journal of Business & Industrial Marketing, 2022, 37(02): 461-473.

[11] Uysal M P, Mergen A E. Smart manufacturing in intelligent digital mesh: Integration of enterprise architecture and software product line engineering [J]. Journal of Industrial Information Integration, 2021, 22: 100202.

[12] Tao F, Zhang Y P, Cheng Y, et al. Digital twin and blockchain enhanced smart manufacturing service collaboration and management [J]. Journal of Manufacturing Systems, 2022, 62: 903-914.

[13] Li J, Saide S, Ismail M N, et al. Exploring IT/IS proactive and knowledge transfer on enterprise digital business transformation (EDBT): a technology-knowledge perspective [J]. Journal of Enterprise Information Management, 2022, 35(02): 597-616.

[14] Wang Y R, Ren W Z, Li Y, et al. Complex product manufacturing and operation and maintenance integration based on digital twin [J]. International Journal of Advanced Manufacturing Technology, 2021, 117(1-2): 361-381.

[15] Ghobakhloo M, Fathi M. Corporate survival in Industry 4.0 era: the enabling role of lean-digitized manufacturing [J]. Journal of Manufacturing Technology Management, 2020, 31(01): 1-30.

[16] Gong F M, Cheng Z, Nault B R. The different effects of hardware and software on production interdependence in manufacturing [J]. Decision Support Systems, 2021, 145: 113521.

[17] Harrison R, Vera D A, Ahmad B. A Connective Framework to Support the Lifecycle of Cyber-Physical Production Systems [J]. Proceedings of The IEEE, 2021, 109(04): 568-581.

[18] Gao Y, Song Y. Research on the interactive relationship between information communication technology and manufacturing industry [J]. Cluster Computing-The Journal of Networks Software Tools and Applications, 2019, 22: S5719-S5729.

[19] Han L, Hou H P, Bi Z M, et al. Functional Requirements and Supply Chain Digitalization in Industry 4.0 [J]. Information Systems Frontiers, 2021, DOI: 10.1007/s10796-021-10173-1.

[20] 孔存玉，丁志帆. 制造业数字化转型的内在机理与实现路径 [J]. 经济体制改革，2021，(06)：98-105.

[21] 王玉荣，段玉婷，卓苏凡. 工业互联网对企业数字创新的影响——基于倾向得分匹配的双重差分验证 [J]. 科技进步与对策，2022，39 (08)：89-98.

[22] Moyano-Fuentes J, Sacristan-Diaz M, Garrido-Vega P. Improving supply chain responsiveness through Advanced Manufacturing Technology: the mediating role of internal and external integration [J]. Production Planning & Control, 2016, 27 (09): 686-697.

[23] Omar R, Ramayah T, Lo MC, et al. Information sharing, information quality and usage of information technology (IT) tools in Malaysian organizations [J]. African Journal of Business Management, 2010, 4 (12): 2486-2499.

[24] 余东华. 新工业革命时代全球制造业发展新趋势及对中国的影响 [J]. 天津社会科学，2019，(02)：90-102.

[25] (美) 约瑟夫·熊彼特. 经济发展理论 [M]. 北京：商务印书馆，1990：121.

[26] 罗序斌. "互联网+" 驱动传统制造业创新发展的影响机理及提升路径 [J]. 现代经济探讨，2019，(09)：78-83.

[27] 石喜爱，李廉水，刘军. "互联网+" 对制造业就业的转移效应 [J]. 统计与信息论坛，2018，33 (09)：66-73.

[28] Benzidia S, Makaoui N, Subramanian N. Impact of ambidexterity of blockchain technology and social factors on new product development: A supply chain and Industry 4.0 perspective [J]. Technological Forecasting and Social Change, 2021, 169: 120819.

[29] Wu D J, Zhu J H. Technical efficiency evolution model of the integration of information technology and manufacturing technology [J]. Mathematical Problems in Engineering, 2020, (04): 1-24.

[30] 郭美晨，杜传忠. ICT提升中国经济增长质量的机理与效应分析[J]. 统计研究，2019, 36(03): 3-16.

[31] 黄群慧，贺俊. "第三次工业革命"与中国经济发展战略调整——技术经济范式转变的视角[J]. 中国工业经济，2013,(01): 5-18.

[32] 陈志祥，迟家昱. 制造业升级转型模式、路径与管理变革——基于信息技术与运作管理的探讨[J]. 中山大学学报(社会科学版), 2016, 56(04): 180-191.

[33] Sundram V P K, Bahrin A S, Munir Z B A, et al. The effect of supply chain information management and information system infrastructure The mediating role of supply chain integration towards manufacturing performance in Malaysia[J]. Journal of Enterprise Information Management, 2018, 31(05): 751-770.

[34] 肖静华. 企业跨体系数字化转型与管理适应性变革[J]. 改革，2020,(04): 37-49.

[35] 吕文晶，陈劲，刘进. 工业互联网的智能制造模式与企业平台建设——基于海尔集团的案例研究[J]. 中国软科学，2019,(07): 1-13.

[36] Gómez J, Salazar I, Vargas P. Firm boundaries, information processing capacity, and performance in manufacturing firms[J]. Journal of Management Information Systems, 2016, 33(03): 809-842.

[37] 肖静华，吴小龙，谢康，等. 信息技术驱动中国制造转型升级——美的智能制造跨越式战略变革纵向案例研究[J]. 管理世界，2021, 37(03): 161-179+225+11.

[38] 李春发，李冬冬，周驰. 数字经济驱动制造业转型升级的作用机理——基于产业链视角的分析[J]. 商业研究，2020,(02): 73-82.

[39] Sasiain J, Sanz A, Astorga J, et al. Towards Flexible Integration of 5G and IIoT Technologies in Industry 4.0: A Practical Use Case[J]. Applied Sciences-Basel, 2020, 10(21): 7670.

[40] Martínez-Caro E, Cegarra-Navarro J G, Alfonso-Ruiz F J. Digital technologies and firm performance: The role of digital organisational culture

[J]. Technological Forecasting and Social Change, 2020, 154(5): 1-10.

[41] 黄赜琳, 秦淑悦, 张雨朦. 数字经济如何驱动制造业升级[J]. 经济管理, 2022, 44(04): 80-97.

[42] 孟凡生, 赵刚. 传统制造向智能制造发展影响因素研究[J].科技进步与对策, 2018, 35(01): 66-72.

[43] 戴勇.传统制造业转型升级路径、策略及影响因素研究——以制鞋企业为例[J].暨南学报(哲学社会科学版), 2013, 35(11): 57-62.

[44] 王水莲, 于程灏, 张佳悦. 工业互联网平台价值创造过程研究[J]. 中国科技论坛, 2022, (04): 78-88.

[45] 丁雪, 张骁. "互联网+"背景下我国传统制造业转型的微观策略及路径: 价值链视角[J]. 学海, 2017, (03): 86-90.

[46] 吴友群, 卢怀鑫, 王立勇. 数字化对制造业全球价值链竞争力的影响——来自中国制造业行业的经验证据[J]. 科技进步与对策, 2022, 39(07): 53-63.

[47] 黄群慧, 余泳泽, 张松林. 互联网发展与制造业生产率提升: 内在机制与中国经验[J]. 中国工业经济, 2019, (08): 5-23.

[48] Meng Z Z, Wu Z P, Gray J. Architecting Ubiquitous Communication and Collaborative-Automation-Based Machine Network Systems for Flexible Manufacturing[J]. IEEE Systems Journal, 2020, 14(01): 113-123.

[49] Adamczyk B S, Szejka A L, Canciglieri O. Knowledge-based expert system to support the semantic interoperability in smart manufacturing[J]. Computers in Industry, 2020, 115: 103-161.

[50] 李新宇, 李昭甫, 高亮. 离散制造行业数字化转型与智能化升级路径研究[J]. 中国工程科学, 2022, 24(02): 64-74.

[51] Hu Y. Internet-based intelligent service-oriented system architecture for collaborative product development[J]. Inter-national Journal of Computer Integrated Manufacturing, 2010, 23(2): 113-125.

[52] 杨秀云, 赵勐, 平新乔. 从"虚拟"到"现实": 互联网重塑经济的理论逻辑[J]. 经济社会体制比较, 2019, (05): 159-167.

[53] 卞亚斌，房茂涛，杨鹤松．“互联网+”背景下中国制造业转型升级的微观路径——基于微笑曲线的分析[J]．东岳论丛，2019，40(08)：62-73.

[54] 吴沁沁．互联网应用、信息连通与制造业企业创新[J]．系统管理学报，2022，31(03)：486-499.

[55] 窦克勤，何小龙，李君，等．从新冠疫情防控看信息技术创新应用促进经济社会高质量发展[J]．科学管理研究，2021，39(02)：2-8.

[56] 陶永，蒋昕昊，刘默，等．智能制造和工业互联网融合发展初探[J]．中国工程科学，2020，22(04)：24-33.

[57] Dobrescu R, Mocanu S, Chenaru O, et al. Versatile edge gateway for improving manufacturing supply chain management via collaborative networks[J]. International Journal of Computer Integrated Manufacturing, 2021, 34(04): 407-421.

[58] 韩美琳，徐索菲，徐充．东北地区制造业智能化转型升级的制约因素及对策思考[J]．经济纵横，2020，(04)：104-109.

[59] Perez A T E, Rossit D A, Tohme F, et al. Mass customized/personalized manufacturing in Industry 4.0 and blockchain: Research challenges, main problems, and the design of an information architecture[J]. Information Fusion, 2022, 79: 44-57.

[60] 李煜华，向子威，胡瑶瑛，等．路径依赖视角下先进制造业数字化转型组态路径研究[J]．科技进步与对策，2022，39(11)：74-83.

[61] Zhang L Y, Feng L J, Wang J F, et al. Integration of Design, Manufacturing, and Service Based on Digital Twin to Realize Intelligent Manufacturing[J]. Machines, 2022, 10(04): 275.

[62] Liu J, Yang W, Liu W. Adaptive capacity configurations for the digital transformation: a fuzzy-set analysis of Chinese manufacturing firms[J]. Journal of Organizational Change Management, 2021, 34(06): 1222-1241.

[63] 韦庄禹．数字经济发展对制造业企业资源配置效率的影响研究[J]．数量经济技术经济研究，2022，39(03)：66-85.

[64] 涂心语，严晓玲. 数字化转型、知识溢出与企业全要素生产率——来自制造业上市公司的经验证据[J]. 产业经济研究，2022，(02)：43-56.

[65] 李晓华. 数字科技、制造业新形态与全球产业链格局重塑[J]. 东南学术，2022，(02)：134-144+248.

[66] He B, Bai K J. Digital twin-based sustainable intelligent manufacturing: a review[J]. Advances in Manufacturing, 2021, 9(01): 1-21.

[67] 王斯坦，王屹. 新一代信息技术应用带给传统经济的机遇、挑战及政策建议[J]. 经济研究参考，2015(31)：37-40+61.

[68] 邹坦永. 新一代信息技术与制造业融合机制研究[J]. 改革与战略，2020，36(10)：77-84.

[69] 张磊. 产业融合与互联网管制[M]. 上海：上海财经大学出版社，2002.

[70] 岭言. "产业融合发展"——美国新经济的活力之源[J]. 工厂管理，2001(03)：25-26.

[71] 史永乐，严良. 智能制造高质量发展的"技术能力"：框架及验证——基于CPS理论与实践的二维视野[J].经济学家，2019，(09)：83-92.

[72] 周济，李培根，周艳红，等. 走向新一代智能制造[J]. Engineering，2018，4(01)：28-47.

[73] Chen Y B. Integrated and Intelligent Manufacturing: Perspectives and Enablers[J]. Engineering, 2017, 3(05): 36-52.

[74] 杨志波. 我国智能制造发展趋势及政策支持体系研究[J]. 中州学刊，2017，(05)：31-36.

[75] 徐新卫，方乐. 资源协同下的企业联盟智能制造技术研究[J]. 计算机工程与应用，2014，50(12)：257-262.

[76] Pinho C, Mendes L. IT in lean-based manufacturing industries: systematic literature review and research issues[J]. International Journal of Production Research, 2017, 55(24): 7524-7540.

[77] 张伯旭，李辉. 推动互联网与制造业深度融合——基于"互联网+"创新的机制和路径[J]. 经济与管理研究，2017，38(02)：87-96.

[78] Tao F, Cheng J F, Qi Q L, et al. Digital twin-driven product design, manufacturing and service with big data [J]. The International Journal of Advanced Manufacturing Technology, 2018, 94 (09): 3563-3576.

[79] Liu S X, Liu H, Zhang Y. The New Role of Design in Innovation: A Policy Perspective from China [J]. The Design Journal, 2018, 21 (01): 37-58.

[80] 程颖, 陶飞, 张霖, 等. 面向服务的制造系统中制造服务供需匹配研究综述与展望 [J]. 计算机集成制造系统, 2015, 21 (07): 1930-1940.

[81] Ghobakhloo M. Determinants of information and digital technology implementation for smart manufacturing [J]. International Journal of Production Research, 2020, 58 (08): 2384-2405.

[82] 余东华, 芮明杰. 模块化、企业价值网络与企业边界变动 [J]. 中国工业经济, 2005, (10): 90-97.

[83] 张燕, 邱泽奇. 技术与组织关系的三个视角 [J]. 社会学研究, 2009, (02): 200-215+246.

[84] 邱泽奇. 技术与组织的互构——以信息技术在制造企业的应用为例 [J]. 社会学研究, 2005, (02): 32-54+243.

[85] Othman B J, Al-Kake F, Mohd Diah M L, et al. This study examines the antecedents and the effects of knowledge management and information technology in the manufacturing industry [J]. International Journal of Psychosocial Rehabilitation, 2019, 23 (02): 899-908.

[86] 戴天婧, 汤谷良, 彭家钧. 企业动态能力提升、组织结构倒置与新型管理控制系统嵌入——基于海尔集团自主经营体探索型案例研究 [J].中国工业经济, 2012, (02): 128-138.

[87] 蔡晶晶. 社会—生态系统视野下的集体林权制度改革: 一个新的政策框架 [J]. 学术月刊, 2011, 43 (12): 79-86.

[88] 徐曼, 沈江, 安邦, 等. 基于互信息判据的智能制造资源配置效能研究 [J]. 计算机集成制造系统, 2017, 23 (09): 1842-1852.

[89] 吕文晶, 陈劲, 刘进. 智能制造与全球价值链升级——海尔COSMOPlat案例

研究[J]. 科研管理, 2019, 40(04): 145-156.

[90] Chen D F, Heyer S, Ibbotson S, et al. Direct digital manufacturing: definition, evolution, and sustainability implications[J]. Journal of Cleaner Production, 2015, 107(05): 615-625.

[91] Yoshikawa H. Manufacturing and the 21st century—ntelligent manufacturing systems and the renaissance of the manufacturing industry[J]. Technological Forecasting & Social Change, 1995, 49(02): 195-213.

[92] Mittal S, Khan M A, Romero D, et al. Smart manufacturing: Characteristics, technologies and enabling factors[J]. Proceedings of the Institution of Mechanical Engineers, 2019, 233(05): 1342-1361.

[93] 惠宁, 周晓唯. 互联网驱动产业结构高级化效应分析[J]. 统计与信息论坛, 2016, 31(10): 54-60.

[94] Li W, Wu W J, Wang H M, et al. Crowd intelligence in AI 2.0 era[J]. Frontiers of Information Technology & Electronic Engineering, 2017, 18(01): 15-43.

[95] Chen J, Zhang K, Zhou Y, et al. Exploring the Development of Research, Technology and Business of Machine Tool Domain in New-Generation Information Technology Environment Based on Machine Learning[J]. Sustainability, 2019, 11(12): 3316.

[96] Li B H, Zhang L, Wang S L, et al. Cloud manufacturing: A new service-oriented networked manufacturing model[J]. Computer Integrated Manufacturing Systems, 2010, 16(01): 1-7+16.

[97] 李庆雪. 区域装备制造业与生产性服务业互动融合运行机制研究[D]. 哈尔滨: 哈尔滨理工大学, 2018.

[98] 王焕新. 智能制造创新生态系统构建与协同机理研究[D]. 上海: 上海工程技术大学, 2020.

[99] 胡美林. 新一代信息技术与制造业深度融合之路[N]. 河南日报, 2018-03-16(10).

[100] 苏屹, 刘敏. 高技术企业创新生态系统可持续发展机制与评价研究[J]. 贵

州社会科学, 2018, 341(05): 106-114.

[101] 张显辉. 高等职业院校混合所有制二级学院理论研究与实践——以襄阳汽车职业技术学院智能制造(模具)学院为例[J]. 襄阳职业技术学院学报, 2018, 17(06): 16-19+23.

[102] 马化腾. 关于以"互联网+"为驱动推进我国经济社会创新发展的建议[J]. 中国科技产业, 2016(03): 38-39.

[103] 廖朴, 郑苏晋. 环境、寿命与经济发展: 最优环境税研究——基于中国数据的模拟运算[J]. 管理评论, 2016, 28(10): 39-49.

[104] 彭小宝, 张佳, 刘国芳, 等. 制度压力与中小企业双元性创新意愿: 领导力风格的调节作用[J]. 科技进步与对策, 2018, 35(16): 83-90.

[105] 杨赞. 新一代信息技术与制造业融合发展绘新篇[N]. 人民邮电, 2022-05-12(001).DOI: 10.28659/n.cnki.nrmyd.2022.001312.

[106] 董凯. "十四五"智能制造发展规划解读及趋势研判[J]. 中国工业和信息化, 2022(01): 26-29.DOI: 10.19609/j.cnki.cn10-1299/f.2022.01.004.

[107] 杨伊静. 抢占关键技术制高点 力推制造业转型升级——工信部等多部门印发《"十四五"智能制造发展规划》[J]. 中国科技产业, 2022(01): 40-41. DOI: 10.16277/j.cnki.cn11-2502/n.2022.01.020.

[108] 周文辉, 程宇. 数字平台如何通过边界跨越构建价值共创型组织? [J]. 研究与发展管理, 2021, 33(06): 31-43.DOI: 10.13581/j.cnki.rdm.20210254.

[109] 曾可昕, 张小蒂. 数字商务与产业集群外部经济协同演化: 产业数字化转型的一种路径[J]. 科技进步与对策, 2021, 38(16): 53-62.

[110] 闫同柱. 工业元宇宙就是下一张全真工业互联网[J]. 中国经贸导刊, 2022(06): 70-72

[111] 涂彦平. 工业元宇宙: 展望智能制造的未来形态[J]. 中国外资, 2022(07): 80-81.

[112] 王涛. 组织跨界融合: 结构, 关系与治理[J]. 经济管理, 2022, 44(4): 16.

[113] 王涛. 跨界融合情境下组织间合作如何实现价值共创——基于界面管理的视角[J]. 经济与管理研究, 2021, 42(08): 111-123.DOI: 10.13502/j.cnki.

issn1000-7636.2021.08.008.

[114] 肖亚庆. 新征程上再创工业和信息化发展新辉煌[J]. 求是, 2021(24).

[115] 王丹, 王玉. 中国汽车企业的软实力测评和提升——来自上汽集团的案例[J]. 中国工业经济, 2012, (06): 133-146.

[116] 工业和信息化部. "十四五"信息化和工业化深度融合发展规划[EB/OL]. 2021.

[117] 万伦, 王顺强, 陈希, 等. 制造业数字化转型评价指标体系构建与应用研究[J]. 科技管理研究, 2020, 40(13): 142-148.

[118] 丁元竹, 沈艳, 刘培林, 等. 积极响应习近平总书记号召　把论文写在祖国大地上[J]. 管理世界, 2021, 37(09): 1-35.

[119] 赵剑波. 推动新一代信息技术与实体经济融合发展: 基于智能制造视角[J]. 科学学与科学技术管理, 2020, 41(03): 3-16.

[120] 孟小峰, 慈祥. 大数据管理: 概念、技术与挑战[J]. 计算机研究与发展, 2013, 50(01): 146-169.

[121] 黄群慧, 贺俊. "第三次工业革命"与中国经济发展战略调整——技术经济范式转变的视角[J]. 中国工业经济, 2013(01): 5-18.

[122] 罗珉, 李亮宇. 互联网时代的商业模式创新: 价值创造视角[J]. 中国工业经济, 2015(01): 95-107.

[123] 中华人民共和国国民经济和社会发展第十二个五年规划纲要[N]. 人民日报, 2011-03-17(001).DOI: 10.28655/n.cnki.nrmrb.2011.015717.

[124] 尚嫣然, 温锋华. 新时代产业生态化和生态产业化融合发展框架研究[J]. 城市发展研究, 2020, 27(07): 83-89.

[125] 李丫丫, 潘安. 工业机器人进口对中国制造业生产率提升的机理及实证研究[J]. 世界经济研究, 2017(03): 87-96+136.

[126] 罗军舟, 何源, 张兰, 等. 云端融合的工业互联网体系结构及关键技术[J]. 中国科学: 信息科学, 2020, 50(02): 195-220.

[127] 王媛媛. 基于技术-组织双重创新的智能制造生产方式研究[J]. 山东社会科学, 2020(07): 164-169.

[128] 延建林，孔德婧. 解析“工业互联网”与“工业4.0”及其对中国制造业发展的启示[J]. 中国工程科学，2015，17(07)：141-144.

[129] 陈洲. 新一代信息技术与制造业深度融合打造智能制造示范工厂[J]. 智能制造，2022(02)：38-43.

[130] 杜传忠，杨志坤. 我国信息化与工业化融合水平测度及提升路径分析[J]. 中国地质大学学报(社会科学版)，2015，15(03)：84-97+139.

[131] 朱喜安，魏国栋. 熵值法中无量纲化方法优良标准的探讨[J]. 统计与决策，2015(02)：12-15.

[132] 徐延利，林广维. 基于熵值法的三大城市群之间金融集聚测度横向比较研究[J]. 中国软科学，2021(S1)：333-338.

[133] 陈涛，杨佳怡，陈池波. 新型城镇化与农业现代化耦合协调度评价[J]. 统计与决策，2022，38(12)：70-74.

[134] 张沛东. 区域制造业与生产性服务业耦合协调度分析——基于中国29个省级区域的实证研究[J]. 开发研究，2010(02)：46-49.

[135] 王淑佳，孔伟，任亮，等. 国内耦合协调度模型的误区及修正[J]. 自然资源学报，2021，36(03)：793-810.

[136] 郭朝先，苗雨菲，许婷婷. 全球工业软件产业生态与中国工业软件产业竞争力评估[J]. 西安交通大学学报(社会科学版)，2022，42(02)：22-30.

[137] 赵敏. 工业互联网平台的六个支撑要素——解读《工业互联网平台白皮书》[J]. 中国机械工程，2018，29(08)：1000-1007.

[138] 工业富联. “灯塔工厂”引领制造业数字化转型[J]. 软件和集成电路，2021(11)：78-83.

[139] 吴晓芬，王敏，王丽洁. 基于四阶段DEA-Malmquist指数的长三角港口群动态效率评价[J]. 统计与决策，2022，38(02)：184-188.

[140] 夏维力，钟培. 基于DEA-Malmquist指数的我国制造业R&D动态效率研究[J]. 研究与发展管理，2011，23(02)：58-66.